人工智能法学系列教材 ④

数据法学

主编　杨华

副主编　张继红　陈吉栋　吴惟予　黄一帆　余圣琪

中国教育出版传媒集团

高等教育出版社·北京

内容简介

本书以习近平新时代中国特色社会主义思想特别是习近平法治思想为指导，围绕科教兴国、人工智能等国家战略实施，在介绍数据法基本概念、基本原则，数据法学主要研究对象、研究内容、基本特征等基础理论的基础上，对数据主体、数据法律行为、数据权益与安全保护、公共数据利用、数据交易制度、数据跨境流动等与数据密切相关的理论和实践问题进行了系统分析，初步搭建了数据法学规范框架体系，旨在为推动人工智能法学发展、培养高素质人工智能法治人才提供支撑。本书可供数据法学方向学生使用，也可为数据法学研究人员提供参考。

图书在版编目（CIP）数据

数据法学 / 杨华主编 ; 张继红等副主编. -- 北京 : 高等教育出版社，2024.8（2025.9重印）

ISBN 978-7-04-062210-2

Ⅰ. ①数… Ⅱ. ①杨… ②张… Ⅲ. ①计算机网络－数据管理－法规－中国－高等学校－教材 Ⅳ. ①D922.17

中国国家版本馆CIP数据核字（2024）第095694号

Shuju Faxue

策划编辑 姜 洁　责任编辑 杨丽云　封面设计 裴一丹　版式设计 李彩丽
责任绘图 于 博　责任校对 刘丽娴　责任印制 赵 佳

出版发行 高等教育出版社
社 址 北京市西城区德外大街4号
邮政编码 100120
印 刷 大厂回族自治县益利印刷有限公司
开 本 787mm×1092mm 1/16
印 张 7
字 数 180千字
购书热线 010-58581118
咨询电话 400-810-0598
网 址 http://www.hep.edu.cn
http://www.hep.com.cn
网上订购 http://www.hepmall.com.cn
http://www.hepmall.com
http://www.hepmall.cn
版 次 2024年8月第1版
印 次 2025年9月第2次印刷
定 价 29.00元

物 料 号 62210-00

人工智能法学系列教材编委会

前言

崔亚东

智联世界，无限可能

谁拥有人工智能，谁将拥有未来。

21世纪以来，人工智能（AI）进入新的发展阶段，呈现出深度学习、跨界融合、人机协同、群智开放、自主操控等新特征，成为新一轮科技革命和产生变革的重要驱动力，并上升为国家战略。

习近平强调，“加快发展新一代人工智能是事关我国能否抓住新一轮科技革命和产业变革机遇的战略问题”[①]。党的二十大报告强调：“推动战略性新兴产业融合集群发展，构建新一代信息技术、人工智能、生物技术、新能源、新材料、高端装备、绿色环保等一批新的增长引擎。”

人工智能应用场景不断拓展，已渗透到人类社会方方面面，并深刻改变着人们的生产、生活、生存方式和思维、行为方式，深刻改变着国家治理、社会治理的形式和能力。

人工智能是一把双刃剑

人工智能具有技术属性和社会属性高度融合的特征，这决定了其在造福人类的同时，也会给人类社会带来风险和挑战。

2018年9月17日，习近平在致2018世界人工智能大会的贺信中深刻地指出：“新一代人工智能正在全球范围内蓬勃兴起，为经济社会发展注入了新动能，正在深刻改变人们的生产生活方式。把握好这一发展机遇，处理好人工智能在法律、安全、就业、道德伦理和政府治理等方面提出的新课题，需要各国深化合作、共同探讨。中国愿在人工智能领域与各国共推发展、共护安全、共享成果。”[②]

国务院《新一代人工智能发展规划》指出：“人工智能发展的不确定性带来新挑战。人工智能是影响面广的颠覆性技术，可能带来改变就业结构、冲击法律与社会伦理、侵犯个人隐私、挑战国际关系准则等问题，将对政府管理、经济安全和社会稳定乃至全球治理产生深远影响。在大力发展人工智能的同时，必须高度重视可能带来的安全风险挑战，加强前瞻预防与约束引导，最大限度降低风险，确保人工智能安全、可靠、可控发展。”

---

① 《习近平在中共中央政治局第九次集体学习时强调加强领导做好规划明确任务夯实基础推动我国新一代人工智能健康发展》，载《人民日报》2018年11月1日，第1版。

② 《习近平书信选集》第一卷，中央文献出版社2022年版，第193页。

智能社会，如何应对人工智能等新技术带来的风险与挑战？

构建智能社会法治秩序正在成为共识

共识之一，构建智能社会法治秩序重要而紧迫。在AlphaGo战胜李世石，新一轮人工智能刚刚兴起之时，人们认为，人工智能等新技术尚处于发展阶段，过早的规制会阻碍、限制其创新与发展，可以让子弹先飞一会儿。但随着数字时代的来临、数字技术的飞速发展、智能社会的快速形成，人们已逐渐认识到应对现有的和潜在的风险与挑战的重要性和紧迫性、构建智能社会法治秩序的必要性和可行性。加快建立智能社会法治秩序已成为社会普遍的呼声，要让子弹有序地飞。

共识之二，法治是最有效的治理方式。习近平强调，要“坚持在法治轨道上推进国家治理体系和治理能力现代化”。[①]法治是治理社会的有效方式，也是维护智能社会秩序的最优选择。在智能社会面临的各种风险之中，最突出的是法律规制失灵；在智能社会面临的各种挑战之中，最严峻的是法治秩序失调。运用法治思维、法治方法推进智能社会治理是最有效的途径。

共识之三，智能社会治理需全球化。智能社会存在的风险挑战是世界面临的共同问题，智能社会的治理赤字具有全球化趋势，我们要运用习近平提出的构建人类命运共同体理念，推动全球共同治理、共护安全、共享成果。

我国高度重视智能社会法治秩序建设，相关政策体系、规则体系、技术标准体系、法律法规体系建设快速推进，治理的社会化、法治化、智能化、专业化水平不断提高，智能社会法治秩序的中国方案正在形成。

上海努力打造国家人工智能发展高地和人工智能法治高地

习近平在浦东开发开放30周年庆祝大会上的讲话中强调：“要聚焦关键领域发展创新型产业，加快在集成电路、生物医药、人工智能等领域打造世界级产业集群。”[②]2017年6月，上海提出努力打造国家人工智能发展高地的目标。2018年9月，上海进一步提出依托科教资源、应用场景、海量数据、基础设施等优势，以面向全球、面向未来的视野，聚焦创新策源、应用示范、制度供给和人才聚集，加快建设人工智能发展的“上海高地”。可以说，人工智能已成为上海发展重大战略。截至目前，上海已形成较完备的人工智能产业链条。

上海在打造人工智能法治高地上的新近举措有：2022年9月22日，推出全国首部AI省级法规《上海市促进人工智能产业发展条例》。该条例是上海市三大先导产业的第一部全市性法规，也是上海市在人工智能高地建设中攀登的又一座新的高峰，为我国人工智能地方立法探索树立了新的标杆。2023年10月20日，制定《上海市推动人工智能大模型创新发展若干措施（2023—2025年）》，“大模型创新发展11条”正式落地，提出“加快打造人工智能世界级产业集群”“建设国家级大模型测试验证与协同创新中心”“进一步做强人工智能产业基金”等明确意见。

数字化转型，智能社会来临，法律人应如何面对？法律人的责任何在？

---

① 《习近平著作选读》第二卷，人民出版社2023年版，第381页。

② 习近平：《在浦东开发开放30周年庆祝大会上的讲话》（2020年11月12日），人民出版社2020年版，第7页。

第一，AI+法治——主动拥抱新科技。抓住机遇，积极推动AI与法治的深度融合，让法治插上科技的翅膀，更好地维护社会公平与正义。

第二，AI法治——积极推动智能社会法治体系建设，营造智能社会法治生态，建立智能社会法治秩序，运用法治思维、法治方法，促进、规范、保障人工智能安全、可靠、可控、健康发展，更好地造福人类。

上海法学理论与实务界积极行动，主动服务国家人工智能战略的实施和上海“四个高地”建设，努力营造人工智能法治生态，打造人工智能法治高地。例如，2018年9月发布了国内第一个《人工智能与未来法治构建上海倡议》，率先提出人工智能法治概念，提出构建人工智能法治14项倡议；自2018年以来连续举办四届“世界人工智能大会法治论坛”，会议主题包括“人工智能发展应用与法治保障”“共建未来法治，共享智能福祉”“人工智能的权利义务与法治实践”“智能社会的法治秩序”；先后发布了《世界人工智能法治蓝皮书》《人工智能安全与法治导则》等，引领人工智能法治理论研究，建立人工智能治理国际交流平台，为智能社会法治建设提供智力支持和理论支持。

建立人工智能法学院，培养人工智能法治复合型人才

“科教兴国、人才强国”是建设中国特色社会主义的重大战略之一。而人工智能等新科技的竞争与发展，人才是关键。

习近平强调：“人工智能具有多学科综合、高度复杂的特征。……要加强人才队伍建设，以更大的决心、更有力的措施，打造多种形式的高层次人才培养平台，加强后备人才培养力度，为科技和产业发展提供更加充分的人才支撑。”[①] 习近平还就高校加强人工智能专业人才培养、调整学科设置、课程设置作出重要指示。

高等院校担负着建立人工智能与法学交叉学科、加快人工智能法治复合型人才培养的重大使命。上海政法学院在校党委书记夏小和、校长刘晓红的带领下，敢于担当、敢为人先、敢于创新，在上海市法学会、科大讯飞公司的支持下，于2019年5月在全国率先成立了“人工智能法学院”，自当年起招收法学（AI法学方向）本科生和法律硕士研究生，成为全国乃至世界第一所招收AI法学方向本科生的法学院。

人工智能法学院是一个新事物，人工智能法学是一门新学科。新成立的上海人工智能法学院建设任务繁重，涉及人才培养、学科建设、科学研究、教师队伍等多个方面，其中教材是必不可少的。由于是新事物、新学科，教材编写没有可以学习与借鉴的经验，于是上海政法学院决定组织人员自主编写。这是一项具有战略性、开创性、前沿性、先导性、引领性的工程，意义重大。为此，上海政法学院成立了“人工智能法学系列教材编委会”。根据学院的要求，编委会制定了《人工智能法学教材编写纲要》，规划编写19部教材，教材编写工作坚持“基本原理、基本知识、基本体系”的原则和“厚基础、宽口径、强能力、高素质”的本科教育教学要求，注重人工智能基本原理的阐释、基本知识的讲清悟透、基本体系的完整构建，着力在提升

① 《习近平在中共中央政治局第九次集体学习时强调加强领导做好规划明确任务夯实基础推动我国新一代人工智能健康发展》，载《人民日报》2018年11月1日，第1版。

人工智能法学教材的专业性、针对性和创新性，探索理论与实践深度融合的本科教材编写和知识传播新模式上下功夫，以建立人工智能法学专业教材体系，体现上海人工智能法治教学特色，服务人工智能法治研究和法治实践、促进国际交流与合作，为国家人工智能战略发展、上海人工智能高地建设培养人工智能法学领域复合型人才，为推动人工智能法学学科建设、人才培养、理论创新和应用示范等方面提供“上海方案”。

人工智能法学系列教材编写正在有序推进中。学院和编委会采取“政产学研用”多位一体的方法，集中法学、教育学、计算机科学、法律实务部门、人工智能研究和应用等领域的专家学者，推进编写工作。

编委会十分荣幸地请到了中国法学会学术委员会主任张文显担任顾问，并亲自作序，在此表示衷心感谢！

本系列教材由高等教育出版社出版，在此一并表示衷心感谢！

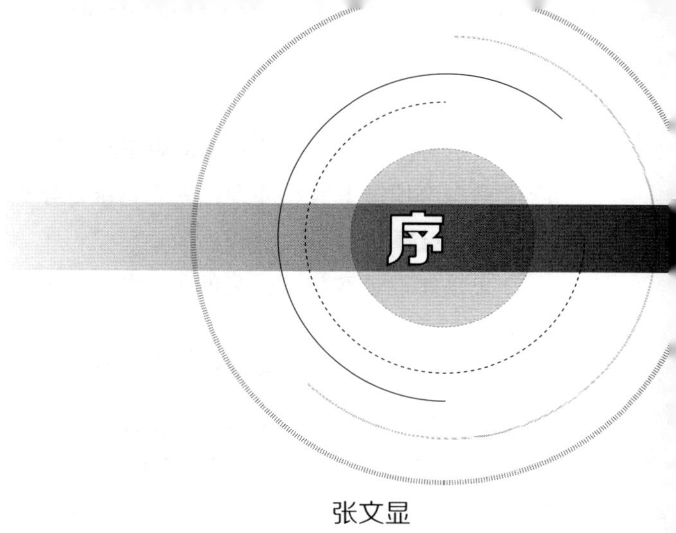

序

张文显

2018年10月，习近平在中共中央政治局第九次集体学习时就人工智能发展现状和趋势以及人工智能健康发展发表重要讲话指出："人工智能是新一轮科技革命和产业变革的重要驱动力量，加快发展新一代人工智能是事关我国能否抓住新一轮科技革命和产业变革机遇的战略问题。"他同时强调："要加强人工智能发展的潜在风险研判和防范，维护人民利益和国家安全，确保人工智能安全、可靠、可控。要整合多学科力量，加强人工智能相关法律、伦理、社会问题研究，建立健全保障人工智能健康发展的法律法规、制度体系、伦理道德。"习近平的重要讲话，为人工智能安全发展、法治建设等指明了方向，设定了根本遵循。

在智能社会，科技具有"双刃剑"的特点，在法治的轨道上发展和运用则造福社会和人类，脱离法治的轨道必然祸害社会和人类。以大数据、云计算、互联网、区块链为标志的智能科技所催生的"数字化""网络化""智能化"革命，对现行秩序造成了严重冲击和挑战，我们要积极引导、规范和保障人工智能的健康发展，构建智能社会的法治秩序。

构建智能社会的法治秩序需要大批高素质人工智能法治人才，而人才培养离不开科学合理的专业设置和教材支撑。高等院校肩负着建立人工智能与法学交叉学科、加快人工智能法治复合型人才培养的重要使命。上海政法学院以敢于担当、敢为人先的精神，在上海市法学会、科大讯飞等单位的大力支持下，于2019年5月在上海率先成立人工智能法学院，并于当年起招收法学（人工智能法学方向）本科生和法律硕士研究生。人工智能法学是一门新兴学科，与法学、哲学、伦理学、人工智能等学科交叉融合，教材与教师是人工智能法学专业、学科建设的一大难题。上海政法学院不畏艰难、勇于攻坚，聘请人工智能法治应用领域专家，集中本校从事人工智能法学研究的教师，组建了以崔亚东为主任的教材编委会，制定了《人工智能法学系列教材编写纲要》，规划编写19部教材，为人工智能法学专业建设、人才培养提供支持。这套教材是人工智能法学首套系统完备的教材系列，是人工智能法学教育与人才培养的创新与探索，具有很强的专业性、创造性和示范性，具体如下：

一是体现了人工智能法学的专业性。建设人工智能法学专业，是贯彻落实习近平法治思想的重要体现，为构建健康、安全、可控、可靠的人工智能产业发展提供了专业保障。但培养既懂法学又懂人工智能，并能将二者有机融合的专业人才绝非易事。根据上海政法学院制定的教材编写总体规划，人工智能法学系列教材注重人工智能科技与法律的紧密结合，如《人工智能法学概论》《数据法学》《人工智能法治应用》《人工智能辅助办案系统》《法律大数据分析》《数字证据与区块链》等，体现了人工智能法学的独特性，为培养人工智能时代的社会治理人才提供了必要支撑。

二是体现了教材编委会的创造性。推进“新文科”“新工科”“新医科”“新农科”等跨学科交叉融合建设是高等教育领域的一项重大改革，建设人工智能法学专业正是推进“新文科”建设的重要举措。该套教材融合了法学、哲学、伦理学、人工智能等方面的知识，结合司法实务工作经验，为培养跨学科的复合型、应用型法治人才及人工智能法学学科建设提供了教材保障。人工智能法学是一个新生事物，本套教材编写以创新为驱动，注重人工智能与法学学科及其他相关学科的交叉融合，为形成新兴学科体系、培育新的学科增长点和特色方向打下了坚实的基础。

三是为培养应用型、复合型法学人才提供了示范。法学是一门实践性、应用性很强的学科，其专业人才培养要有相应的实务性教材相配套。本系列教材以上海司法体制改革经验、司法和执法领域与人工智能深度融合应用的创新成果为标本，以解决人工智能法治领域理论和实践应用问题为牵引，广泛吸收借鉴国内外相关实务经验和研究成果，使之具有深厚的本土经验和宽广的国际视野，促进人工智能法学基础理论研究与智能社会实践有机结合，为培养复合型、应用型法治人才树立了教材典范。

人工智能法学系列教材的出版，是人工智能法学学科建设和法治人才培养的重要支撑，也是智能时代中国法治发展的崭新探索。希望本系列教材有助于培养更多人工智能法治人才，为保障人工智能健康发展，建设中国特色社会主义法治体系、建设社会主义法治国家作出贡献。

是为序！

本书编写说明

习近平总书记在十九届中央政治局第九次集体学习时发表重要讲话，指出："要整合多学科力量，加强人工智能相关法律、伦理、社会问题研究，建立健全保障人工智能健康发展的法律法规、制度体系、伦理道德。"①

编写人工智能法学教材，是开展人工智能法学专业教学，培养人工智能法学复合型、应用型专业人才的基础性、必要性工作。

2019年5月，上海政法学院率先在国内成立了人工智能法学院，设立了人工智能法学专业。在推进人工智能法学院建设的过程中，上海政法学院把人工智能法学教材的编写工作摆在重要位置，成立了人工智能法学系列教材编委会，制定了教材编写纲要，为培养人工智能法学复合型、应用型人才提供了基础和保障。

《数据法学》是人工智能法学系列教材中的一部。本书分为"数据法学基本理论""数据法律关系""公共数据利用""数据交易制度""数据跨境流动""数据监管与责任"六章，对数据法的概念、基本原则、基本特征、数据主体、数据法律行为、公共数据利用、数据交易制度、数据跨境流动等理论和实践问题进行了法律解读，对人工智能的算法、数据、伦理规则等法律问题进行了分析和梳理，并总结了人工智能在政府治理中的具体应用。本书既有助于推动人工智能法学专业方向的发展和人工智能法学复合型、应用型人才的培养，也可为从事人工智能法学研究的人员提供参考资料。

本书是在上海政法学院、上海政法学院人工智能法学系列教材编委会及上海政法学院人工智能法学院的领导和支持下完成的。本书编写过程中组建了以杨华为主编，张继红、陈吉栋、吴惟予、黄一帆、余圣琪为副主编的编写团队。具体编写分工如下：

杨华负责全书的统筹规划和思路确定、拟定大纲；负责本书全文的统稿与修订；统筹本书与人工智能法学专业系列中其他教材知识体系的安排；协调相关出版工作。

余圣琪负责编写第一章；陈吉栋负责编写第二章、第三章；张继红负责编写第四章；黄一帆负责编写第五章；吴惟予负责编写第六章。

上海政法学院人工智能法学院硕士研究生郑振瑶、章奕宸、刘寅、吴大奎、白文迪参与了本书部分资料的整理。

---

① 《习近平在中共中央政治局第九次集体学习时强调加强领导做好规划明确任务夯实基础推动我国新一代人工智能健康发展》，载《人民日报》2018年11月1日，第1版。

需要说明的是，由于人工智能法学是一门新兴学科，教材建设尚无可学习借鉴的样本，加之参与编写的人员知识有限，错误及不足之处在所难免，恳请各位读者批评指正！

本书编写组

2023年2月

目录

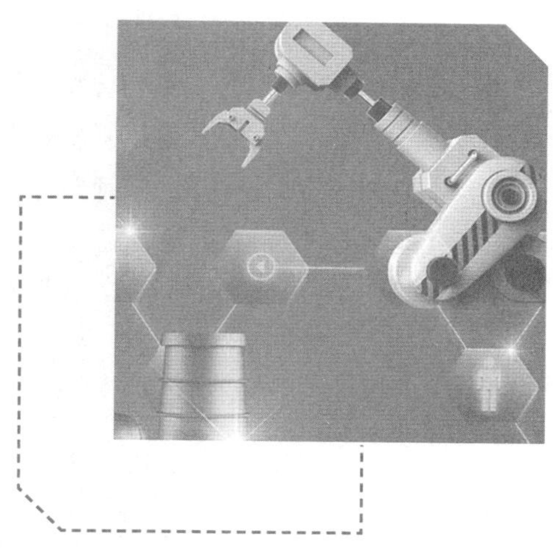

第一章 数据法学基本理论

2022年1月，国务院发布的《“十四五”数字经济发展规划》指出，数据要素是数字经济深化发展的核心引擎，数据成为最具时代特征的生产要素。中共中央、国务院2022年12月发布的《关于构建数据基础制度更好发挥数据要素作用的意见》指出，数据作为新型生产要素，是数字化、网络化、智能化的基础，已快速融入生产、分配、流通、消费和社会服务管理等各环节，深刻改变着生产方式、生活方式和社会治理方式。为了更好地发挥数据在数字时代的价值，需要全面、系统的对数据法学基本理论进行阐述。

第一节 数据法概述

一、数据法的分类分级保护制度

数据法是由立法机关或国家机关制定和调整各种数据关系的法律规范的总称。

数据法的分类保护主要指对不同行业领域的数据实施不同的保护措施。目前，数据主要分为金融数据、健康医疗数据、消费者数据、公共数据、儿童数据、就业数据和教育数据。金融数据多指金融机构在办理金融业务时收集和使用的信息。健康医疗数据常常与数据主体的生命健康相关联，健康医疗数据一旦泄露或被滥用将严重危害数据主体的权益。消费者数据指消费者在线上和线下进行消费时所产生的数据。公共数据一般是公共机关在履行法定职责中收集或者掌握的相关数据，具有公益性。儿童数据在我国指14周岁以下的未成年人在互联网进行相关活动产生的数据。就业数据重点关注数据共享和交易的合法性框架，尤其是职场数据监控的法律边界问题。教育数据更多关注教育行业如何在数据的支撑下实现智能化，如何避免教育机构利用数据进行过度营销从而侵犯学生和家长的隐私权利。

数据法的分级保护制度是指针对重要程度不同的数据，在数据收集和使用过程中对其予以不同程度保护的制度。根据重要程度不同，可将数据分为重要数据、敏感数据、个人数据及非个人数据。《网络安全法》规定，重要数据指与国家安全、经济发展，以及社会公共利益密切相关的数据。《数据安全管理办法（征求意见稿）》规定，重要数据是指一旦被泄露可能直接影响国家安全、经济安全、社会稳定、公共健康和公共安全的数据，如未曾公开的政府信息、有关于人口和基因健康的数据、有关地理矿藏资源的数据。《个人信息保护法》对敏感个人信息处理规则进行了规定，即处理敏感个人信息必须满足具有特定目的、具有充分必要性、采取严格保护措施这三个构成要件。敏感数据不同于重要数据，敏感数据的主体是个人，而重要数据的主体是国家，是从整体利益的角度予以界定的。个人数据与非个人数据的区别主要在于：个人数据与人格权、隐私权相关，在数据收集的过程中强调数据主体的知情同意权；非个人数据更加强调数据的财产属性，如工业数据。

二、数据法的基本原则

法律原则是对法律之目的、精神、价值等所作的纲领性规定[①]。数据法的基本原则是指导数据法相关规则的规范原理和价值准则，主要包括：数据安全原则、数据主权原则、数据合法原则、数据诚信原则、数据效益原则。

（一）数据安全原则

数据安全原则是指通过法律规定，保护数据在全生命周期不受非法访问、损坏和泄露。2021年6月10日，我国第一部聚焦于法律安全的《数据安全法》正式通过。《数据安全法》的诞生，在我国数据治理领域具有里程碑式的意义。《数据安全法》在第3条对“数据安全”进行了界定：数据安全是指通过采取必要措施，确保数据处于有效保护和合法利用的状态，以及具备保障持续安全状态的能力。党的二十大报告提出，必须坚定不移贯彻总体国家安全观，把维护国家安全贯穿党和国家工作各方面全过程，确保国家安全和社会稳定。数据安全是总体国家安全观在数字领域的体现。《数据安全法》第4条规定，维护数据安全，应当坚持总体国家安全观，建立健全数据安全治理体系，提高数据安全保障能力。综上，数据安全并不仅强调被动的、不被打扰的静态安全状态，数据安全强调的是数据全生命周期过程中的动态安全以及保障持续安全状态的能力。[②]

（二）数据主权原则

数据主权原则是指保护国家作为数据控制者在网络空间中的国家主权地位。主权是国家所固有的独立处理对内对外事务的权力。主权是国家最基本的权力，不可分割、不可让与。布丹（Bodin）提出，主权是国家的要素，是一个国家的绝对和永久的权力。[③]随着数字经济的发展，互联网平台依托数据获得了快速发展。数字平台对传统的国家主权造成了冲击，网络空间的出现打破了传统的物理空间界限，形成了新的线上虚拟空间。数据主权是国家主权在网络空间的核心表现，关涉数据安全、数字鸿沟、个人隐私，是国家安全和发展的核心利益所在。[④]2015年8月，国务院发布《促进大数据发展行动纲要》，对数据主权进行了相关规定：“充分利用我国的数据规模优势……增强网络空间数据主权保护能力，维护国家安全，有效提升国家竞争力。”我国《数据安全法》第2条规定，在中华人民共和国境外开展数据处理活动，损害中华人民共和国国家安全、公共利益或者公民、组织合法权益的，依法追究法律责任。该条体现了我国捍卫数据主权的决心，关于域外制度的规定也是我国《数据安全法》的亮点之一。

（三）数据合法原则

数据合法原则，是指个人信息处理者在对个人信息进行收集、存储、加工、使用、提供、公开等处理活动时，应当严格遵循法律的规定，采取合法的方式，不得违法处理个人

---

① 马长山主编：《法理学导论》（第二版），北京大学出版社2022年版，第49页。

② 龙卫球主编：《中华人民共和国数据安全法释义》，中国法制出版社2021年版，第8页。

③ 徐爱国、李桂林：《西方法律思想史》（第二版），北京大学出版社2009年版，第111页。

④ 张晓君：《数据主权规则建设的模式与借鉴——兼论中国数据主权的规则构建》，载《现代法学》2020年第6期。

信息，[①]亦即对于数据的处理要严格依法进行，不得违反法律强制性规定。数据合法原则的内涵主要包括如下两方面。

一方面，处理个人信息必须遵守法律法规的相关规定。例如，我国《个人信息保护法》第13条就列举了7种情形：（1）取得个人的同意；（2）为订立、履行个人作为一方当事人的合同所必需，或者按照依法制定的劳动规章制度和依法签订的集体合同实施人力资源管理所必需；（3）为履行法定职责或者法定义务所必需；（4）为应对突发公共卫生事件，或者紧急情况下为保护自然人的生命健康和财产安全所必需；（5）为公共利益实施新闻报道、舆论监督等行为，在合理的范围内处理个人信息；（6）依照本法规定在合理的范围内处理个人自行公开或者其他已经合法公开的个人信息；（7）法律、行政法规规定的其他情形。除了《个人信息保护法》外，我国《民法典》《消费者权益保护法》《网络安全法》等法律也对个人信息保护的相关内容进行了规定。

另一方面，信息处理者处理个人信息时也需要遵守相关的法律义务。《个人信息保护法》第五章对个人信息处理者的义务进行了专章规定，主要包括个人信息安全管理要求、个人信息负责人制度、境外个人信息处理者设立境内专门机构或指定代表的义务、定期合规审计义务、个人信息保护影响评估义务、个人信息保护影响评估内容、个人信息泄露等事件的补救措施和通知、超大互联网平台的个人信息保护义务、受托方的个人信息保护义务等。

（四）数据诚信原则

诚信原则是我国《民法典》的基本原则，被称为民法中的“帝王条款”，是指民事主体从事任何民事活动，包括行使民事权利、履行民事义务、承担民事责任时，应当秉承诚实、善意，不诈不欺，言行一致，信守诺言。《民法典》第7条对诚信原则进行了规定：民事主体从事民事活动，应当遵循诚信原则，秉持诚实、恪守承诺。数据诚信原则是指数据控制者、数据处理者在不损害他人数据权益和社会公益的前提下，追求自身的利益，这是数据经济活动中的道德准则，贯穿数据的全生命周期。数据诚信原则主要包括三方面内容：第一，恪守承诺，即个人信息处理者处理个人信息，应该按照与信息主体的约定进行，不得欺诈、言行不一。第二，保持善意，即个人信息处理者在处理个人信息时，要保护个人信息主体的合法权益，不得故意损害其合法权益。例如，自动化决策的透明度、算法可解释权以及发布个人信息保护社会责任报告，都体现了诚信原则中的保持善意。第三，秉持诚信，如果遇到法律尚未规定或者信息处理者与信息主体双方约定不明的情况，应当按照诚信原则确定信息处理者与信息主体的权利义务。[②]

（五）数据效益原则

数据效益原则是指在确保数据安全的前提下兼顾数字发展的经济价值。随着人工智能、数字时代的快速发展，我国越来越重视数据安全和数字经济发展。目前，我国主要采取的

---

① 程啸：《个人信息保护法理解与适用》，中国法制出版社2021年版，第79页。

② 孙莹主编：《个人信息保护法条文解读与适用要点》，法律出版社2021年版，第16页。

是安全防范为主兼顾数字经济发展的模式。平衡数据权利保护和数据流动之间的关系，是数据法的核心问题之一。欧盟《通用数据保护条例》第1条第1款指出："本条例旨在确立个人数据处理中的自然人保护和数据自由流通的规范"；紧接着在第2款强调："本条例旨在保护自然人的基本权利和自由，尤其是保护个人的数据权利"；第3款则确认了平衡的重要性，即"个人数据在欧盟境内的自由流通不得因为在个人数据处理过程中保护自然人而被限制或禁止"。我国《数据安全法》第1条规定："为了规范数据处理活动，保障数据安全，促进数据开发利用，保护个人、组织的合法权益，维护国家主权、安全和发展利益，制定本法。"我国《个人信息保护法》第1条规定："为了保护个人信息权益，规范个人信息处理活动，促进个人信息合理利用，根据宪法，制定本法。"不论是欧盟的《通用数据保护条例》还是我国数字法治领域的两部标志性法律，在立法目的中都体现出数据权利保护与数据流动之间的平衡问题。

第二节 数据法学概述

数据法学是规范数据活动的领域法学，是以隐私、个人信息数据及非个人信息的数据为主要研究对象，以数据在全生命周期中涉及的隐私及安全等为主要研究内容，以基于重要性和行业领域制定的数据分类分级保护制度为主要研究特色，具体调整数据主体、数据控制者及数据处理者之间的法律关系的法律规范的总称。①

一、数据法学是领域法学

随着人工智能、云计算、区块链以及5G技术等的发展，我们进入了数字时代。身处数字时代，我们享受着其带来的生活便利，也对其产生了依赖。大数据存在于我们生活的方方面面，对传统行业予以升级更新，也创造了新的行业。数据法学是领域法学，存在于各个法律领域。数据成了新的生产要素，也成了各个法律部门研究的对象，宪法、行政法、刑法、经济法、民商法、知识产权法、国际法等法律部门都对其进行调整。

二、数据法学主要研究对象

数据法学的研究对象主要包括隐私、个人信息数据及非个人信息的数据。《民法典》第1032条规定，自然人享有隐私权。任何组织或个人不得以刺探、侵扰、泄露、公开等方式侵害他人的隐私权。侵害隐私权的行为主要包括以电话、短信、电子邮件等方式侵扰他人

① 何渊主编：《数据法学》，北京大学出版社2020年版，第3页。

的私人生活安宁，拍摄、偷窥他人的住宅等私密空间，拍摄、偷窥他人的私密部位以及处理他人的私密信息。[①]《个人信息保护法》第4条规定，个人信息是以电子或者其他方式记录的与已识别或者可识别的自然人有关的各种信息，不包括匿名化处理后的信息。我国《个人信息保护法》对个人信息的定义采取“关联说”，即只要相关信息与已识别或者可识别的自然人相关，就被认定为个人信息。[②]《数据安全法》第3条将数据定义为任何以电子或者其他方式对信息的记录。根据该条的内容，“数据”和“信息”的关系是载体和内容的关系，所有的数据都是信息，但不是所有的信息都是数据。[③]

三、数据法学主要研究内容

数据法学的主要研究内容是数据在全生命周期中涉及的隐私及安全。《数据安全法》第3条对“数据处理”进行了界定，数据处理包括数据的收集、存储、使用、加工、传输、提供、公开等。《个人信息保护法》第4条对“个人信息的处理”也进行了界定，个人信息的处理包括个人信息的收集、存储、使用、加工、传输、提供、公开、删除等。《民法典》第1035条也规定，个人信息的处理包括个人信息的收集、存储、使用、加工、传输、提供、公开等。欧盟《通用数据保护条例》第4条规定，“处理”是指针对个人数据或个人数据合集的任何一个或一系列操作，如收集、记录、组织、建构、存储、修改、检索、咨询、使用、披露、传播或以其他方式利用、排列或组合、限制、删除或销毁，无论该等操作是否采用自动化方式。数据法学研究的内容贯穿数据的全生命周期，并不仅限于一个阶段，而涉及每个阶段有关隐私与安全保护的问题。

四、数据法学基本特征

中共中央、国务院发布的《关于构建更加完善的要素市场化配置体制机制的意见》提出，数据成为土地、资本、劳动力及技术之外的第五大市场基本要素。数据不仅是工具，还是基本市场要素。数据具有非竞争性、开放性、非独立性的特征，承载着个人、企业、国家的多重利益。数据、算法的出现使得平台经济飞速发展，打破了传统的“公权力—私权利”的二元结构，形成了“公权力—私权力—私权利”的三元结构。数据运用于各个场景之中，对于数据的研究也呈现出场景化。数据法的基本特征主要包括研究对象的多元权益、研究领域的公私二元立场、研究内容的场景化。

（一）研究对象的多元权益

数据不仅承载着“人格要素”，也包含着“财产权益”。例如，有商家在网上公开售卖“人脸数据”，数量约达17万条，而当事人对此毫不知情。美国智库“科技政策研究所”通

① 余圣琪：《数据权利保护的模式与机制研究》，华东政法大学2021年博士学位论文。

② 龙卫球主编：《中华人民共和国个人信息保护法释义》，中国法制出版社2021年版，第16页。

③ 龙卫球主编：《中华人民共和国数据安全法释义》，中国法制出版社2021年版，第7页。

过观察美国、德国、墨西哥、巴西、哥伦比亚、阿根廷这6个国家消费者的习惯，对各国民众“如何评估其私人隐私值多少钱”的问题进行调查，首次对消费者的个人隐私数据进行标价。我国某上市公司利用非法手段，窃取30亿条用户信息用来牟利，被称为“史上最大规模的数据窃取案”。不论是售卖“人脸数据”还是对数据进行标价，抑或非法窃取数据牟利，都表明数据是一种巨大的财富，不仅承载着与个人隐私息息相关的人格权益，更是一种具有经济价值的财产权益。

学界对于个人信息的价值分析有较为共性的认识。张新宝认为个人信息的价值包括三方面内容：人格尊严和自由价值；商业价值；公共管理价值。[①]高富平认为，个人信息的利益包括三方面：信息主体的人格尊严与自由利益；信息使用者的利用和流通利益；维护社会公共秩序的公共利益。[②]龙卫球更是认为，数据呈现的是一种复杂的利益关系，一方面是用户对于个人信息的保护需要，另一方面是经营者对于个人信息形成数据资产的利用需要。[③]本书认为，个人数据的价值包括个人价值、商业价值及公共价值。个人价值即人格尊严，主要体现在数据主体上；数据处理者、数据控制者对数据的利益更多体现为财产利益。传统人格权法无法为数据的多元利益提供保护。

（二）研究领域的公私二元立场

互联网技术和数据的迅猛发展，催生了很多新型互联网平台。互联网平台不同于传统平台，它不仅是交易的场所，还是经营的主体。数据的发展使得互联网平台企业突破了传统企业的地域边界和行业边界，不受物理时空的限制。互联网平台带来技术驱动的大规模社会化协作，它是连接者、匹配者与市场设计者。[④]互联网平台不仅是企业，也具有公共性，互联网平台的社会责任体现在三个层面：第一层面是与商业生态圈内的企业合作共赢；第二层面是对消费者的权利保护；第三层面是对社会总体利益的保护。[⑤]互联网平台的出现，打破了传统的“公权力—私权利”的二元分立，形成了“公权力—私权力—私权利”的三元结构。平台具有准立法权、准司法权、准行政权。此外，数据的发展也促使很多传统行业更新换代，产生了许多全新的业务形态。

（三）研究内容的场景化

数据作为新型生产要素，是基础性资源，也是重要生产力。数据融进各个场景，对于数据内容的研究离不开场景。例如，算法歧视、算法“黑箱”、算法霸权、算法操控、算法合谋等法律风险，都与数据息息相关；智慧政务与数字政府中关于公共数据的开放、公共数据的利用，都是数据法研究的热门内容；数字信用中的信用评分机制、健康码管理等，离不开对数据的管理；区块链管理中的加密货币的治理、智能合约的治理、联盟链的治理，都与数据的治理密不可分；司法人工智能带来的正义难题、数字时代的数字人权问题，都

---

① 张新宝：《从隐私到个人信息：利益再衡量的理论与制度安排》，载《中国法学》2015年第3期。

② 高富平：《个人信息使用的合法性基础——数据上利益分析视角》，载《比较法研究》2019年第2期。

③ 龙卫球：《数据新型财产权构建及其体系研究》，载《政法论坛》2017年第4期。

④ 方军、程明霞、徐思彦：《平台时代》，机械工业出版社2017年版，第3页。

⑤ 陈宏民：《平台竞争：从跨界到颠覆》，上海交通大学出版社2020年版，第64页。

是数据法学研究的重要内容。

五、数据法学理论渊源

数据法学的理论渊源主要包括“隐私权理论”“个人信息自决权理论”和“财产权理论”三种。

（一）隐私权理论

个人数据权利保护起源于美国的隐私权理论。隐私的内涵不仅包括物理时空中的私人空间不被打扰，还包括数字时空中的虚拟空间不受干扰。隐私包括私人空间的隐私、公共空间的隐私以及公共领域的隐私。私人空间的隐私强调私人空间“不被干扰的权利”。公共空间的隐私则与“监视”相关，包括可以瞬间遗忘的公共空间里的监视以及能够被保留下来的搜索信息。公共领域的隐私则主要与“数据”相关。数据的高速发展主要对隐私造成两方面的威胁：一是“数字监视”，二是私人组织对于信息的收集。[①]

1.“独处权”的隐私权理论

最早提出“独处权”隐私概念的是托马斯·库里（Cooley）法官，他认为隐私权是“独处而不受外界干扰的权利”。[②]随着科技的进步和印刷媒体的发展，隐私权兴起。1890年，美国律师布兰代斯（Brandeis）和沃伦（Warren）合作在《哈佛法律评论》上发表了《隐私权》一文。这篇文章是现代隐私权理论的开山之作，影响美国至今。1960年，侵权法学者威廉·普罗瑟（William Prosser）在研究了布兰代斯和沃伦的《隐私权》之后，整理了关于隐私侵权的300多起案件，在《加利福尼亚法律评论》上发表了《隐私》一文。该文总结了隐私侵权行为的四种类型：侵扰他人独处或者侵入他人私人事务的侵权行为（intrusion upon one’s solitude or private affairs）；公开披露他人私人事务的侵权行为（public disclosure of private facts）；在公众面前曝光丑化他人隐私的侵权行为（publicity in a false light）；为了私利使用他人姓名或者肖像的侵权行为（appropriation of plaintiff’s name or likeness）。[③]

2. 信息性隐私权理论

1967年，威斯汀（Westin）在《隐私与自由》一书中提出“信息性隐私权”。“所谓隐私权，指自然人对自己的个人信息所享有的完全控制权，比如在什么时间、以什么样的方式将自己的何种信息公开都由个人信息主体自主决定。”[④]从威斯汀对信息性隐私权的界定中可以看出，在信息时代，隐私权更多体现为一种决定权，即决定何时、以何种方式以及在何种程度上公开信息的权利。从立法层面看，1974年美国《隐私权法》首次明确确认了信息

---

① [美]劳伦斯·莱斯格：《代码2.0：网络空间中的法律》，李旭、沈伟伟译，清华大学出版社2009年版，第215—240页。

② Warren，S.D.，Brandeis，L.D.，“The Right to Privacy”，*Hav.L.Review*，Vol.5，1890.

③ William L. Prosser，Privacy，*California Law Review*，Vol.48，1960.

④ Alan F. Westin，*Privacy and Freedom*，Atheneum，1976，p.7.

性隐私权。[①]从司法判例的实践层面看，1965年，美国联邦最高法院在格里斯沃尔德诉康涅狄格州案（*Griswold v. Connecticut*）中确认了"自治性隐私权"。1967年，美国联邦最高法院在卡茨诉美国案（*Katz v. United States*）中确立了"物理性隐私权"。1977年，美国联邦最高法院在惠伦诉罗案（*Whalen v. Roe*）中首次系统性阐述了"信息性隐私权"。在该判决中，法官认为自然人对于自己个人的信息享有控制权。1977年，尼克松诉总务署署长案（*Nixon v. Administrator of General Services*）再次确认了"信息性隐私权"。1989年，美国联邦最高法院在美国司法部诉新闻自由记者委员会案*United States Department of Justice v. Reporters Committee for Freedom of the Press*）中对信息性隐私权作出了界定，即自然人所享有的对涉及自身利益的个人信息的控制权。

（二）个人信息自决权理论

个人信息自决权理论起源于德国。不同于美国，德国对个人数据保护路径是从公法保护逐渐扩展到私法保护。德国《民法典》并没有关于人格权的相关规定，随着大数据时代的来临，德国《基本法》为了解决数据保护和确权问题，对"个人信息自决权"进行了规定，并通过自上而下的途径实施到民法中。德国的个人信息自决权从最初就被定位为宪法基本权利，之后将其范围扩展到"已识别（直接）或是可识别（间接）自然人的任何数据"，以此来回应大数据时代的信息保护需求。[②]

德国学者施泰姆勒（Steinmüller）最早提出个人信息自决权的概念，具有重要的意义。[③]个人信息自决权强调的是信息主体对于个人信息自我决定的权利。信息自决权在德国最早并没有法律上的明文规定，德国《基本法》没有对信息自决权进行界定。德国信息自决权理论的发展路径，首先是德国联邦宪法法院通过判例界定了信息自决权的概念，之后在一般人格权条款下推导出了信息自决权，进而民法对隐私权进行了相关确认。[④]此后，信息自决权进入民法层面，不仅公法层面要对个人信息自决权进行保护，私法层面也要对其进行保护。

（三）财产权理论

从财产权的角度出发对数据权利进行保护，是目前相对较新、研究人数也相对较少的一种路径。我国有一些学者赞成该理论。例如，郭明龙提出依据直接个人信息与间接个人信息的分类，根据财产权理论对不同数据予以差异化保护；[⑤]刘德良以黑格尔的动态规则为理论出发点，强调个人信息是可以自由使用和处分的财产。[⑥]也有一些学者反对此理论。例如，梅夏英认为，将个人信息从财产权角度予以保护，不仅缺乏生活常识的支持，也解决

① David M·O'Brien, *Privacy*, *Law and Public Policy*, Praeger Publishers, 1979, p. 204.

② 赵宏：《信息自决权在我国的保护现状及其立法趋势前瞻》，载《中国法律评论》2017年第1期。

③ 杨芳：《隐私保护与个人信息保护法——对个人信息保护立法潮流的反思》，法律出版社2016年版，第46页。

④ 王秀秀：《个人数据权：社会利益视域下的法律保护模式》，华东政法大学2016年博士学位论文。

⑤ 郭明龙：《论个人信息之商品化》，载《法学论坛》2012年第6期。

⑥ 刘德良：《个人信息的财产权保护》，载《法学研究》2007年第3期。

不了现实生活中的信息交互性问题；[①]丁晓东认为财产权进路保护的弊端在于会造成公民隐私权益保护不足的问题。[②]目前，财产权理论比较有代表性的两种观点是：基于协议的市场自治理论和基于交易成本的制度经济学理论。

1. 基于协议的市场自治理论

目前，对网络隐私进行规制的方式主要包括以下三种：一是网络隐私的实质规制，即法律对于隐私保护的权利义务关系进行了清晰明确的规定；二是网络隐私的程序规制，即法律对于隐私保护的法定程序进行了规定；三是网络隐私的协议规制，这种规制不同于前两种规制，更多强调网络平台与个人之间的意思自治，法律赋予协议强制效力。[③]其中，网络隐私的协议规制更多体现了市场自治理论。

2. 基于交易成本的制度经济学理论

新制度经济学的核心概念主要包括两个：产权和交易费用。产权的界定和保护降低了交易费用。新制度经济学主张通过正式制度与非正式制度相结合的方式提高经济权益，法律与道德的相互交替运用是经济良性发展的保障。[④]根据科斯定理，在双方交易成本为零且双方都愿意交易的情况下，交易成本越低，适用财产权对个人信息进行保护的方法就越有效。[⑤]也就是说，根据该定理，交易市场上的个人数据，只要商家阐明了数据的收集方式和使用范围，并且在数据主体知情同意的情况下，数据主体愿意出让自己的一部分个人信息以获得一些其他权益（如便捷、社交、体验等利益），在理论上是可行且有经济效益的。

思考题

1. 数据法的基本原则有哪些？
2. 数据法学的主要研究内容是什么？
3. 数字法学有哪些基本特征？

---

① 梅夏英：《在分享和控制之间——数据保护的私法局限和公共秩序构建》，载《中外法学》2019年第4期。

② 丁晓东：《个人信息私法保护的困境与出路》，载《法学研究》2018年第6期。

③ [美]劳伦斯·莱斯格：《代码2.0：网络空间中的法律》，李旭、沈伟伟译，清华大学出版社2009年版，第243页。

④ 蔡宝刚：《法律与道德关系的制度解析——新制度经济学的阐释及启示》，载《法学》2004年第6期。

⑤ Guido Calabresi，Douglas Melamed，*Property Rules*，*Liability Rules*，*and Inalienability*：*One View from the Cathedral*，85 Harv. L. Rev. 1089（1972）.

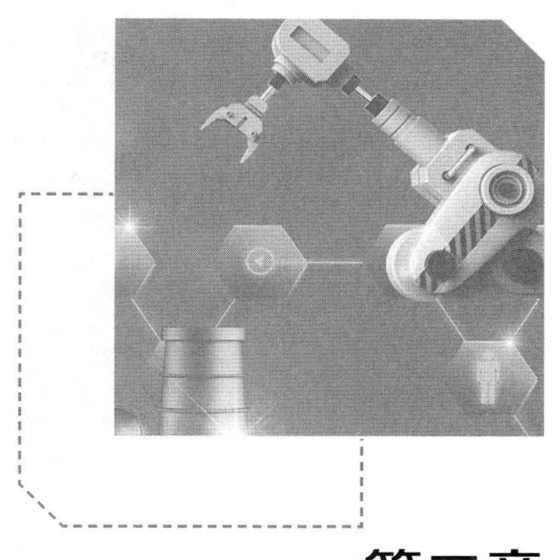

第二章
数据法律关系

数据法律关系是指数据来源者、数据处理者、数据控制者之间在数据收集、存储、加工、使用、共享、传输以及交易等数据活动中所形成的权利义务关系。[①]遵循法律关系的一般原理，数据法律关系由主体、行为以及权利义务等要素构成，本章主要探讨了数据法律关系中各主体、具体数据行为、各主体所享有的权利义务以及数据安全保护等问题。

第一节 数据主体

主体是权利义务之所属，是认识法律关系的逻辑起点。数据上承载着多方主体的多种利益，因此某一数据法律关系可能涉及多个主体。2022年底，为“充分发挥我国海量数据规模和丰富应用场景优势，激活数据要素潜能，做强做优做大数字经济”，中共中央、国务院出台了《关于构建数据基础制度更好发挥数据要素作用的意见》（以下简称“数据二十条”），明确指出要“分别界定数据生产、流通、使用过程中各参与方享有的合法权利”。下文将结合国内外的最新数据立法，对数据法律关系中的各个主体的具体含义进行梳理和总结。

一、数据主体界定

数据法律关系中究竟涉及哪些主体？如何定义这些主体的内涵？针对这一问题，国内外数据立法给出了不同答案。在域外，以欧盟《通用数据保护条例》为代表的数据立法将数据中的各个主体划分为数据主体（data subject）、数据控制者（data controller）、数据处理者（data processor）、数据接收者（data recipient）和第三方（third party）等；在我国，《个人信息保护法》《数据安全法》《网络安全法》等涉及数据法律关系的主要法律并未对数据主体进行详细划分，仅在《个人信息保护法》中提到了数据处理者的概念。[②]“数据二十条”将数据主体划分为数据来源者和数据处理者，为保障数据生产、流通、使用过程中各参与方享有的合法权利提供了政策指引。[③]综合上述立法实践，本书将数据主体划分为数据来源者、数据处理者和数据控制者，并结合现有立法与实践对其具体内容予以阐述。

二、数据来源者

数据来源者是指作为识别或可识别对象而对数据享有一系列权益的主体，在部分立法

① 何渊主编：《数据法学》，北京大学出版社2020年版，第80页。

② 参见《个人信息保护法》第五章（个人信息处理者的义务）的相关内容。

③ 参见“数据二十条”第3条、第7条。

中又被称为数据用户或数据主体，[①]在个人信息保护意义上则被称为个人信息主体或自然人，为简便起见，本书统一称为数据来源者。值得注意的是，对于数据来源者是否仅能由自然人构成，亦即组织是否可以构成数据来源者，学界尚存争议。有学者从个人信息保护的角度出发，认为数据来源者是指个人数据所包含的信息所识别或所指向的自然人，这实际上排除了其他主体成为数据来源者的可能性。[②]然而，事实上，在数据法律关系中，作为被识别对象的主体除了自然人外，也可能包含非自然人。例如，企业信用查询工具“企查查”供给的数据产品的数据来源主要是企业的公开信息，此时企业作为识别对象仍需要得到法律的保护。正是注意到了这一点，欧盟最新出台的《数据法案（草案）》在界定数据来源者时将商业用户即“拥有、出租或租赁产品或接受服务的自然人或法人”纳入其中。基于以上分析，本书所指称数据来源者，不仅包括自然人，还包括其他可作为识别对象的非自然人主体。

数据来源者是数据及数据产品/服务赖以产生的重要主体，处于数据法律关系的上游，数据生产、收集与利用行为都离不开数据来源者，其权利应获得保护。[③]数据来源者权利已在我国和欧盟等国家和地区的政策法律中得到体现。例如，欧盟《数据法案（草案）》第4条提出了数据来源者对数据的访问权、知情同意权、可携权等权益，我国“数据二十条”则提出要“充分保护数据来源者合法权益，推动基于知情同意或存在法定事由的数据流通使用模式，保障数据来源者享有获取或复制转移由其促成产生数据的权益”。值得注意的是，数据来源者包括自然人主体和非自然人主体，两者法律地位上的差异决定了不能对两者适用完全相同的权益保护方案。具体来讲，对于数据来源者中的自然人，其仅享有《个人信息保护法》规定的查阅、复制、更正、删除等人格性权益，[④]至于其是否享有财产性权益，学界尚存争议。有学者持肯定观点，认为个人信息权益同时保护个人对其个人数据的精神利益与经济利益，如个人可以依据《民法典》第993条将个人数据上的部分权利授予给他人来行使并有权取得相应的报酬。[⑤]但是，大多学者持反对观点，[⑥]其反对的理由大多为：第一，数据的价值只有在经过处理加工后才能够产生，而数据来源者在其中并未有任何贡献，对数据来源者赋予某种财产性权益不仅没有依据，更会增加数据流通的交易成本。[⑦]第二，“人财两分”理论认为，如果将个人信息数据中的财产利益配置给个人，会导致个人信息权益的权益内容、权益边界不清，难以界定清晰的“个人信息权”，从而难以建立起清晰的个人数据利用规则，还将导致自然人的人格不平等、治理成本高昂等问题。故而，应当

① 如欧盟《数据法案（草案）》。

② 张敏主编：《数据法学》，中国政法大学出版社2023年版，第97页。

③ 丁晓东：《论数据来源者权利》，载《比较法研究》2023年第3期。

④ 参见我国《个人信息保护法》第四章（个人在个人信息处理活动中的权利）的有关内容。

⑤ 程啸：《论数据权益》，载《国家检察官学院学报》2023年第5期。

⑥ 有关数据来源者财产权益的讨论，参见孙祯锋：《论数据主体的个人数据收益权》，载《深圳社会科学》2023年第3期。

⑦ 王利明：《数据何以确权》，载《法学研究》2023年第4期。

将数据的财产性权益配置给数据处理者。[①]第三，对于数据来源者中的非自然人主体，由于不具备个人信息主体所具有的人格尊严、安全利益等权利基础，所以在对这类主体进行赋权保护时，不应赋予其更正、删除其数据的权利。但在知情同意、获取、复制、转移等权利方面，数据来源者权利与个人信息的知情同意权、访问权、携带权类似。[②]例如，在机动车领域，欧盟规定独立企业有权从汽车制造商处获取汽车维护和维修服务所需的技术信息；欧盟《数字市场法》规定，针对被界定为“守门人”（gatekeeper）的大型平台企业，商业用户有权访问他们在使用守门人平台时生成的数据。

对数据来源者进行赋权将直接影响后续数据使用、加工利用和流通等环节，如何平衡保障数据来源者正当权益和促进数据开放利用两者之间的关系，还值得进一步探讨。事实上，目前已有不少理论和实践探索试图缓和数据来源者正当权益与数据开放利用之间的矛盾。例如，在数据来源者正当权益维护领域，可以参考著作权的集体维权制度，引入第三方机构替代数据来源者行使相关权利，并由该机构与市场主体签订许可使用合同，向权利人分配使用费，进行维权诉讼和仲裁，由此实现数据来源者正当权益保护与促进数据开放利用之间的平衡。[③]

三、数据处理者

《数据安全法》第3条将数据处理定义为收集、存储、使用、加工、传输、提供、公开等行为。据此，可将数据处理者定义为依法对数据开展收集、存储、使用、加工、传输、提供、公开等一系列处理活动的自然人、法人和非法人组织。在数据法律关系中，数据处理者通过收集、存储、使用、加工等行为对数据进行实质性加工或创造性劳动，使数据从无到有，从利用价值较低的原始数据变为可交易流通的数据产品或数据资产，是使数据价值得以产生的重要主体。

对于数据处理者因数据处理行为而获得的利益，我国在政策和地方立法层面均予以认可。例如，《上海市数据条例》第12条就明确规定，本市依法保护自然人、法人和非法人组织在使用、加工等数据处理活动中形成的法定或者约定的财产权益，以及在数字经济发展中有关数据创新活动取得的合法财产权益。相应地，数据处理者也承担着由法律明确规定的一系列应然义务，这构成了数据处理者权利行使的限制。具体而言，个人数据处理者在私法层面需要根据《个人信息保护法》规定的知情同意规则取得个人的同意，在变更处理目的和方式时重新取得个人的同意，并保障个人对其个人数据所享有的查阅、更正、删除、转移等一系列权益，使得个人数据所承载的个人隐私与其他人格权益得到充分保障，这是由个人信息所承载的个人利益所决定的；根据《数据安全法》，数据处理者应当依照法律、法规的规定，建立健全全流程数据安全管理制度，组织开展数据安全教育培训，采取相应

① 张新宝：《论作为新型财产权的数据财产权》，载《中国社会科学》2023年第4期。

② 丁晓东：《论数据来源者权利》，载《比较法研究》2023年第3期。

③ 申卫星：《论数据产权制度的层级制：“三三制”数据确权法》，载《中国法学》2023年第4期。

的技术措施和其他必要措施，保障数据安全。而作为重要数据处理者，除了上述义务外，还有义务对数据处理活动定期开展风险评估，并向有关主管部门报送风险评估报告。

四、数据控制者

“数据控制者”一词源于欧盟《通用数据保护条例》，我国法律法规并未采纳这一概念。在欧盟的数据立法中，由于通信、网络平台等数据巨头掌握着海量个人数据，能够利用技术和组织优势巩固其相对于数据来源者的优势地位，形成所谓的“数据寡头”，[①] 为了保障处于“被控制”状态下的数据来源者的权益，欧盟早在1995年颁布的《数据保护指令》中就已提出“数据控制者”（data controller）的概念，而后颁布的《通用数据保护条例》则继续采纳了这一概念。根据《通用数据保护条例》第4条的规定，数据控制者是指单独或者与他人共同确定个人数据处理的目的和方式的自然人或法人、公共机构、代理机构或其他机构。从该概念可知，成为数据控制者并不要求该主体实际进行了数据处理活动，而仅要求其有确定数据处理目的和方式的行为即可。在明确数据控制者概念的基础上，《通用数据保护条例》规定那些“为数据控制者处理个人数据”而不决定处理数据的用途和目的的主体为“数据处理者”（data processor），并确定了数据控制者和数据处理者责任二分的机制。具体而言，鉴于数据控制者对数据处理有着更强的掌控能力，《通用数据保护条例》规定了其应当独立承担的法律责任，主要包括：（1）根据数据处理活动的性质、范围、环境、目的以及对自然人的权利和自由带来风险的可能性，数据控制者应当采取适当的技术措施对数据安全进行保障，并对数据处理者的处理行为进行监督；[②]（2）数据控制者应当设立并指定数据保护官，确保数据保护官及时、充分地参与有关个人数据保护的所有事务；[③]（3）数据控制者应当记录任何的个人数据泄露事件，并及时向监管部门进行报告；（4）数据控制者应当考虑根据处理行为的性质，在实施处理行为之前评估其对个人数据保护的影响。[④]

欧盟《通用数据保护条例》提出数据控制者的概念并规定其法律责任，将数据控制者从数据处理者中剥离出来，这是对数据处理主体的一种横向划分。我国《个人信息保护法》并未将数据处理主体区分为数据处理者和数据控制者，而将其区分为国家机关与非国家机关，这是一种对数据处理主体的纵向划分。在欧盟《通用数据保护条例》中，控制者承担着主要的数据处理义务以及责任，相关立法可以通过加强对控制者的处罚防止数据被不当利用，从而实现对数据安全监管的精细化。尽管我国的划分方式在现实执法与救济层面具有《通用数据保护条例》二分法所不具备的一定优势，但出于加强规制、优化规则的目的，

---

① 郑令晗：《GDPR中数据控制者的立法解读和经验探讨》，载《图书馆论坛》2019年第3期。

② 高楚南：《欧盟数据控制者的义务：源起、变迁及其缘由》，载《图书馆论坛》2019年第3期。

③ 王腾、汪金兰：《个人数据处理行为人的概念界定与划分问题——基于欧盟范式对我国立法的启示》，载《渭南师范学院学报》2021年第7期。

④ 黄震、蒋松成：《数据控制者的权利与限制》，载《陕西师范大学学报（哲学社会科学版）》2019年第6期。

将控制者与处理者的制度构建引入我国后续的数据立法也存在一定的合理性。[①]事实上,《民法典(征求意见稿)》曾提出“信息控制者”和“信息收集者”的概念,《人格权编(二审稿)》也使用过“信息收集者”和“信息持有者”等概念,[②]这说明我国立法已认识到,不同主体对数据的控制力存在差异,并试图结合技术上控制力的大小设计相应的权利义务。鉴于此,后续的数据立法或可借鉴《通用数据保护条例》的做法建立数据控制者和数据处理者二元责任体制,要求数据控制者对个人数据保护承担主要的责任,直接对数据主体负责;而数据处理者则承担较小责任,主要基于合同对数据控制者负责。[③]

第二节 数据法律行为

在传统民法上,法律行为被界定为“旨在发生当事人所欲之法律效果的行为”[④],《民法典》第133条则将法律行为定义为“民事主体通过意思表示设立、变更、终止民事法律关系的行为”。但本书所指的数据法律行为并不限于传统民法意义上通过意思表示设立、变更、中止民事关系的行为,还包括纯粹事实层面上的行为,如对数据的加工、使用等行为。由于这些行为能够根据法律规定直接发生法律效力,故也需要得到重视。在数据法律关系中,数据法律行为不仅包括数据主体收集、存储、加工、使用、提供、共享等一系列处理行为,还包括数据法律主体在数据流通中通过签订合同实现数据共享或交易的数据流通行为。

一、数据的收集和存储

(一)数据收集

数据收集,又称“数据获取”或“数据采集”,是指根据系统自身的需求和用户的需要收集相关数据从而获得数据的控制权的行为。[⑤]根据国家标准《信息安全技术　个人信息安全规范》(GB/T 35273—2020),数据的收集可以是个人信息主体主动提供,可以是通过个人信息主体交互或记录个人信息主体行为等自动化方式采集,也可以是通过共享、转让、搜集公开信息等方式间接获取。在数据法律关系中,实施数据处理行为的行为主体,需要根据我国《个人信息保护法》的有关规定承担相应的法律义务。首先,数据处理者为提供服务需要收集个人数据的,应当遵循合法、正当、必要、诚信的原则,不应收集与其提供服

① 陈文清:《欧盟〈一般数据保护条例〉中数据处理主体的二元划分及其启示》,载《西部法律评论》2020年第4期。

② 温世扬:《民法典人格权编草案评议》,载《政治与法律》2019年第3期。

③ 任丹丽:《民法典框架下个人数据财产法益的体系构建》,载《法学论坛》2021年第2期。

④ 杨代雄:《民法总论》,北京大学出版社2022年版,第257—258页。

⑤ 苏东水主编:《产业经济学》(第二版),高等教育出版社2010年版,第168页。

务无直接关联、无合理关联，或超出个人信息主体明确同意期限的数据。其次，告知同意是数据处理者开展数据采集的合法性基础。告知同意，也称知情同意，是指任何组织或个人在处理个人数据时都应当对数据主体进行告知，并在取得同意后方可从事相应的数据处理活动，否则该等处理行为即属违法。[①]而针对敏感个人数据，在收集前应当取得个人信息主体的单独同意，且确保单独同意是在完全知情的情况下自主给出的、具体的、清晰明确的意思表示。最后，根据数据处理的目的特定性原则，[②]数据收集者在收集后改变个人数据的处理目的、类型、范围和用途的，应当及时告知个人信息主体，并重新征得个人信息主体的同意，否则将构成对数据来源者权益的侵犯。例如，公共场所安装的图像采集、个人身份识别设备收集的个人信息，一般只能用于维护公共安全的目的，若无个人信息主体的重新授权，不能用于其他目的。[③]值得注意的是，国家机关为履行法定职责收集个人数据的，若存在《个人信息保护法》第18条规定的情形，可以不履行告知义务。

（二）数据存储

对数据的加工处理无可避免会涉及数据的存储。在实践中，对数据进行加工和使用的主体与存储数据的主体可能并不同一，从而引发责任承担方面的纠纷。在欧盟《通用数据保护条例》中，使用数据并对其进行加工的主体符合数据控制者的定义，而数据存储主体则是为数据控制者服务的主体，符合数据处理者的定义。前者对个人数据保护承担直接、主要的责任，而后者承担的法律责任则多源于合同的约定。由于我国《个人信息保护法》并未区分数据处理者和数据控制者，实践中加工使用数据的主体（处理者）与数据储存主体之间可能构成委托主体和受托主体的关系，前者应当与后者约定委托处理的目的、期限、处理方式、个人信息的种类、保护措施以及双方的权利和义务等，并对后者的个人信息处理活动进行监督，后者则应当按照约定处理个人信息，并不得超出约定的处理目的、处理方式等。《个人信息保护法》第21条规定了基于委托关系的权利义务关系。首先，个人信息处理者委托处理个人信息的，应当与受托人约定委托处理的目的、期限、处理方式、个人信息的种类、保护措施以及双方的权利和义务等，并对受托人的个人信息处理活动进行监督。其次，受托人应当按照约定处理个人信息，不得超出约定的处理目的、处理方式等处理个人信息；委托合同不生效、无效、被撤销或者终止的，受托人应当将个人信息返还个人信息处理者或者予以删除，不得保留。最后，未经个人信息处理者同意，受托人不得转委托他人处理个人信息。在数据存储过程中，数据存储主体应当根据国家标准《信息安全技术　网络数据处理安全要求》（GB/T 41479—2022）的有关规定，采取包括但不限于以下安全措施：（1）存储重要和个人信息等敏感数据时，应当采用加密、安全存储、访问控制、安全审计等方式；（2）存储重要数据和个人信息，不应超过与重要数据和个人信息主体约定的存储期限或超出个人信息主体授权同意的有效期；（3）存储个人生物特征识别信息的，

① 王利明、程啸、朱虎：《中华人民共和国民法典人格权编释义》，中国法制出版社2020年版，第419页。

② 程啸：《论我国个人信息保护法中的个人信息处理规则》，载《清华法学》2021年第3期。

③ 周辉：《〈个人信息保护法〉的个人信息处理基本原则》，载《经济参考报》2021年8月24日，第A06版。

同时应遵守《信息安全技术　个人信息安全规范》的要求以及生物识别信息保护相关国家标准要求；（4）接收存储数据的，应当要求采取安全措施并以合同约定。

二、数据的加工和使用

（一）数据加工

区别于数据活动中的其他行为，从目的论视角出发，个人数据加工并非以个人数据的对外使用为目的，而是以对内的信息价值创造为导向。当个人数据（原始信息）被记录、存储后，数据控制主体往往可通过算法加工获取海量数据所蕴含的价值信息，该类信息将直接提高生产力。[①]需要特别指出的是，在个人数据加工这一结构中，数据控制主体只是对个人数据本身进行算法加工，其往往并不需要对单一个人数据进行识别。例如，数据控制者想要获取某一商品的整体价格接受度，其仅需通过算法技术提取出海量数据中代表个人消费价格的数据符号，而无需针对每个数据一一进行识别性统计。因此，个人数据加工遵循的是技术逻辑，该种逻辑仅依赖于海量个人数据的算法分析，而与个人数据的社会性被识别无关。

根据洛克（John Locke）的"劳动赋权"理论，劳动是个体取得财产权的合法性基础，即当个体通过劳动使得某物脱离自然状态时，便可获取财产权。[②]在数据加工中，数据处理者通过加工行为使得数据脱离原始的自然状态，成为一种有价值的产品。例如，个人消费时会自然地显示信息，只有这些信息被处理者记录，消费行为数据才得以产生。[③]循此逻辑，为了回报数据处理者付出的实质性加工和创新性劳动，激励数据处理者进行数据加工，有必要赋予该主体数据产品收益权。"数据二十条"提出的数据资源持有权、数据加工使用权和数据产品经营权实际上就是对这一观点的肯定，即数据处理者通过数据加工获得产品经营权并可通过数据流通获得收益。2023年发布的《上海市促进浦东新区数据流通交易若干规定（草案）》则进一步印证了这一观点，该法第5条规定，数据产权人依据各自在数据生产、采集、加工、流通、应用等环节中的贡献参与数据要素收益分配。同时，数据处理者在开展加工活动并取得收益时，应当履行相应的个人信息保护与数据安全保障义务。例如，根据《信息安全技术　网络数据处理安全要求》，数据处理者在展开转换、汇聚、分析等数据加工活动的过程中，知道或者应当知道可能危害国家安全、公共安全、经济安全和社会稳定的，应当立即停止加工活动。

（二）数据使用

数据使用是指通过自动或非自动的方式对数据进行操作，如记录、组织、排列、改变、检索、咨询等。按照数据使用的目的和用途，数据处理者对数据的使用可以分为基于定向推送和信息合成而使用和基于第三方应用管理而使用。对于前者，在数据服务提供者利用

---

① 王东方：《个人数据处理的行为结构及其规范体系》，载民主与法制网，https://www.chinalaw.org.cn。

② [英]约翰·洛克：《政府论》，杨思派译，中国社会科学出版社2009年版，第162页以下。

③ 宁园：《从数据生产到数据流通：数据财产权益的双层配置方案》，载《法学研究》2023年第3期。

个人数据和算法向个人提供新闻、博客类信息服务的过程中，利用算法自动合成文字、图片、音视频等信息的，需要明确告知用户并提供非定向推送信息的服务选项。例如，在"微信读书案"中，法院认为，"微信读书"利用其收集的个人数据为用户自动关注共同使用该应用的通讯录好友，进而使得关注好友可以查看原告的读书信息的行为并未向用户显著提示且获得用户同意，构成了对原告个人信息权益的侵犯。[①]对于后者，此时数据处理者作为网络服务提供者，应当适用《民法典》第1197条的通知删除规则。具体而言，数据处理者应对接入或嵌入其产品或服务的第三方应用加强数据安全管理，以监督第三方应用运营者加强数据安全管理；知道或应当知道第三方应用利用其平台侵害用户民事权益，未采取必要措施的，与第三方应用运营者承担连带责任。

三、数据的共享和提供

数据的共享和提供是指数据控制者将其控制的数据以直接发送、开放应用接口（API）或使用软件开发工具（SDK）等方式向另一数据主体共享或提供，以转移数据的控制权的数据行为。[②]数据的共享和提供是数据流通的重要方式，同样也是实现数据价值的重要环节。随着数据共享、提供的开展，现存的数据不对称问题将有所缓解，有利于优化社会资源配置，降低社会运行成本。[③]数据共享和数据提供在概念上存在差异，根据《信息安全技术　个人信息安全规范》的规定，数据共享是指数据控制者向其他控制者提供数据，且双方共同拥有对数据的独立控制权的过程，而数据提供是将数据控制权由一个主体向另一个主体转移的过程。可见，一旦数据向外提供，则数据原有的控制者就丧失了对数据的控制权。

对于涉及个人信息的数据，数据处理者向第三人进行共享和提供的，应当遵循三重授权规则。在"新浪微博诉脉脉案"中，法院提出了个人信息的共享需要遵循的三重授权规则：（1）用户授权平台使用其个人信息；（2）平台授权第三方利用用户个人信息；（3）用户通过隐私政策授权第三方获取、利用其个人信息。[④]通过三重授权规则，可以确保数据在传输的每个环节都获得授权。但随着产业界对于促进数据流通的呼声越来越高，学界也出现了对机械适用三重授权原则的反思。例如，有学者提出，应当从主体、客体和场景三个方面对三重授权规则的适用范围进行限制。[⑤]具体而言，从主体方面，《个人信息保护法》第23条中的"个人"仅限于自然人，提供方既可以是商业领域提供者也可以是国家机关处理者，而平台方则仅限于非国家机关处理者。在客体方面，公开数据的处理和提供不适用三重授权原则，但第三方仍需受到在合理范围内处理的限制。在适用场景层面，爬虫系统等场景不适用三重授权原则。

---

① （2019）京0491民初16142号民事判决书。

② 何渊主编：《数据法学》，北京大学出版社2020年版，第159—161页。

③ 田海平：《大数据时代的健康革命与伦理挑战》，载《深圳大学学报（人文社会科学版）》2017年第2版。

④ （2016）京73民终588号民事判决书。

⑤ 向秦：《三重授权原则在个人信息处理中的限制适用》，载《法商研究》2022年第5期。

四、数据的删除和销毁

数据的删除和销毁是数据全生命周期中的最终一环。根据《个人信息保护法》和《信息安全技术　个人信息安全规范》等的规定，在以下三种情形下，数据处理者应当及时删除其控制的数据：（1）数据超出双方约定的存储期限；（2）网络产品和服务停止运营，数据没有再继续开展处理的必要；（3）数据来源者注销账号，或该主体撤回了同意。存储重要数据和个人信息的介质进行报废处理时，数据处理者应当采用物理损毁等方式销毁介质，以确保数据不能被再次恢复。

数据删除和数据销毁并非同一概念。一方面，从技术角度来讲，数据删除是一种逻辑删除，经过删除的数据在物理层面依然存在于存储介质上，通过一定的技术手段可能恢复出原始数据。而数据销毁是从软销毁、硬销毁两个方面进行数据的处理，经过销毁的数据不能再恢复。软销毁比如对数据进行删除或者使用擦除软件对数据进行多次的覆写、清除，硬销毁比如熔炉中焚化、借助外力粉碎。[①]另一方面，从法律层面来看，虽然我国现行立法规定了自然人有请求信息处理者删除个人信息的权利，[②]但这并不等于承认数据生命周期的最后环节是删除，因为删除权是信息处理的合法性与必要性基础丧失的必然结果，而数据销毁才是数据归于消灭的处理流程末端。[③]

五、数据的流通

数据的价值在于流通。在实践中，数据的流通可以通过共享、交易等方式实现，交易被认为是数据流通最重要的方式。数据交易通常被定义为“基于数据的交易活动”，即某项交易的标的物或服务过程建立在数据的基础之上。[④]根据不同的分类标准，可以对数据交易进行不同的划分。根据是否发生在场内，可以将数据交易分为场内交易和场外交易；根据数据销售的模式不同，可将数据交易分为个人数据收购模式、数据产品零售模式和数据平台集中销售模式。

数据交易法律关系由交易主体、交易对象和交易过程中形成的权利义务三要素构成（详见图2-1）。

（一）交易主体

数据交易过程涉及多方主体参与，包括数据供方、数据需方和数据交易服务机构（如数商和第三方中介）等。例如，《深圳市数据交易管理暂行办法》第6条规定，数据交易主体包括数据卖方、数据买方和数据商。数据卖方应作为数据商或通过数据商保荐，方可开展数据交易。《数据安全法》第33条规定，数据供方必须出具有关数据来源的详细资料，而

---

① 郭灵：《知识科普：数据删除等同于数据销毁吗？》，https://www.secrss.com。

② 参见《个人信息保护法》第47条。

③ 赵精武：《从保密到安全：数据销毁义务的理论逻辑与制度建构》，载《交大法学》2022年第2期。

④ 司亚青、苏静：《数据流通及其治理》，北京邮电大学出版社2021年版，第19—20页。

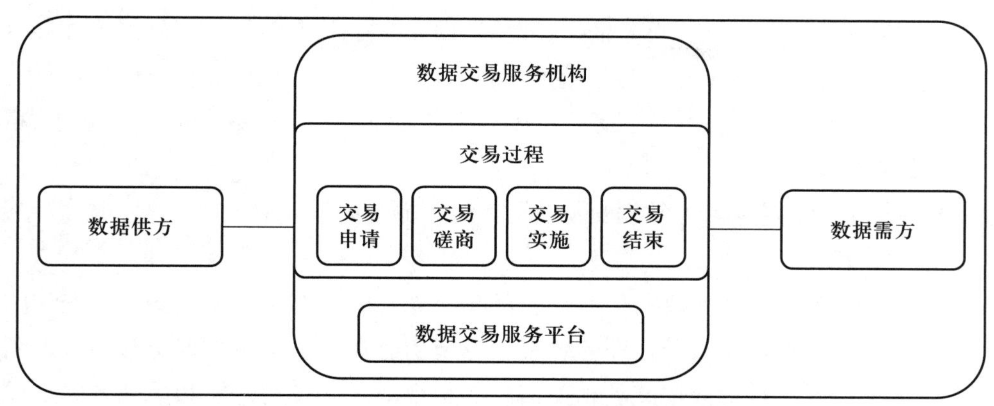

图2-1　数据交易的基本结构

数据交易服务机构则需要对交易过程各方的身份进行核查，同时保存检查和交易的笔录，否则将按照《数据安全法》第47条承担相应的法律责任。

数据交易双方是数据的供方与需方。按照国家规定，数据交易主体必须在1年内没有重大数据方面的违法违规记录，严格遵守数据交易服务机构的安全制度和程序，并且提供书面安全承诺，以确保数据交易过程的安全性和合法性。这些标准内容，在多地数据交易机构实践中体现为会员制要求，如华中大数据交易所规定交易前需要认证其身份属性来完成会员认证。

数据交易服务机构是数据交易的中介和重要参与者，国家标准《信息安全技术　数据交易服务安全要求》（GB/T 37932—2019）对其提出了较为严格的要求，包括“获得我国行政或主管部门的授权或许可”“具备承担数据交易服务相对应的安全保障能力”“在1年内无重大数据类违法违规记录”等基本要求，以及必须满足组织安全管理和数据交易服务平台相关安全要求，以确保数据交易的安全性和可靠性。

（二）交易对象

数据交易的对象是基于数据生产活动开发的数据产品与服务。为确保数据交易合规，现有规范性文件多通过正面规定和负面排除两种方式对数据交易对象进行规制。正面规定是指通过列举概括可交易的数据交易产品应当具备的条件的方式来实现数据交易对象合规。例如，《上海市促进浦东新区数据流通交易若干规定（草案）》第10条就规定，数据产品符合以下条件且经合规评估和质量评估的，可以通过上海数据交易所挂牌交易：（1）数据内容合规、真实可用；（2）具有明确的应用场景或者使用案例；（3）能够提供测试数据；（4）具有可持续供给的技术能力或者数据更新能力；（5）符合可定价的要求。负面排除则是通过列举禁止交易的数据产品类型的方式来确保数据交易对象合规。例如，《天津市数据交易管理暂行办法》第17条规定，下列数据不得进行交易：（1）涉及国家秘密的信息；（2）未经合法权利人明确同意，涉及其商业秘密的数据；（3）未经自然人或者其监护人同意，涉及其个人信息的数据，包括自然人姓名、出生日期、身份证件号码、生物识别信息、住址、电话号码、电子邮箱、健康信息、行踪信息等；（4）以欺诈、诱骗、误导等方式或者从非法、违规渠道获取的数据；（5）其他法律、法规、规章或者合法约定明确禁止交易的数据。《信息

安全技术　数据交易服务安全要求》也明确规定，不得进行交易的数据必须严格按照目录制管理，由数据交易服务机构依据法律规范严格执行。[①]在交易实践中，供方应当保证交易数据来源合法且适合交易，数据交易服务机构则有义务对供方提供的数据是否合规进行审查。

（三）交易流程

根据相关标准和交易实践，数据交易流程大致可分为如下环节。

1. 登记和挂牌

数据（产品）登记是开展数据交易的前提和保障，由于我国尚无数据产品登记的相关规定，所以此处登记不具有赋予权利的意义，登记功能在仅于保障数据交易的可追溯。登记的功能在于既实现了对于数据产品相关信息的客观记录，又在记录和呈现方式上保证了动态性。新型的登记方式提升了登记效率，夯实了数据要素合规流通的底座，有助于吸引更多的市场主体积极参与数据产品登记，实现数据的高效流通。

挂牌是数据供方通过交易平台发布交易数据信息的过程。供方在交易平台挂牌时，应当按照规定披露特定交易数据的登记信息，并披露登记阶段提交的文件，但按照有关规定不宜披露的除外。数据交易一般采用“供方定价、供需议价”市场化定价方式。交易所发挥监督职能，可以定期分析市场成交情况和已交易数据的应用价值，形成各类交易数据挂牌价格的指导意见，供交易双方参考和选用。由于数据产品是非标准化的产品，所以需方可以申请对供方在挂数据进行测试，以便满足对于产品的特定需求。交易平台应当为数据测试提供安全、可信的技术环境，并记录数据测试全过程。

2. 交易

交易方进行数据交易，一般应签订相关协议，明确交易方的权利和义务、交付和清算的方式。《数据安全法》第19条未明确数据交易的具体流程。《信息安全技术　数据交易服务安全要求》列出了数据交易服务的参考模型，[②]即数据交易流程包括交易申请、交易磋商、交易实施、交易结束四个环节。《电子商务数据交易第1部分：准则》明确规定，交易程序应包括但不限于数据登记、审核、交易实施和结算，以保证过程的安全和规范。

3. 备案

数据交易结束后，交易平台应当根据交易平台记录对交易过程进行备案，并发给交易完结凭证。完结凭证应当包括交易平台的名称、交易数据的内容、使用目的和条件、交付时间等内容。交易平台自动记录数据交易全过程。

---

① 《信息安全技术　数据交易服务安全要求》6.1禁止交易数据规定，数据交易服务机构应根据我国相关法律法规，制定禁止交易的数据目录，目录至少应包括：（a）受法律保护的数据；（b）涉及个人信息的数据，除非获得了全部个人数据主体或未成年人的监护人的明示同意，或者进行了必要的去标识化处理以达到无法识别出个体的程度；（c）涉及他人知识产权和商业秘密等权利的数据，除非取得权利人明确许可；（d）从非法或违规渠道获取的数据；（e）与原供方所签订的合约要求禁止转售或公开的数据；（f）其他法律法规明确禁止交易的数据。

② 详见《信息安全技术　数据交易服务安全要求》4.1数据交易服务参考模型。

第三节

数据权益与安全保护

数据权益构成数据法律关系的内容，也是主体之间权利义务关系的核心，享有数据权益的正当性基础在于主体与作为客体的数据之间究竟形成何种事实上的关系，进而赋予价值评价。[①]值得注意的是，权利与权益并非同一概念，根据拉兹（Joseph Raz）的权利理论，“如果权利是一种受保护的利益，即当且仅当个人的利益是让另一个人受制于一种义务的充分理由时，他才具有权利，那么法律权利就是法律上受保护的利益”[②]。鉴于有关法律尚未明确数据权利的概念，本书暂且采用“数据权益”指代数据法律关系中法律主体对数据所享有的一系列利益。

一、数据权益的内容与保护

数据权益，指各类主体在数据之上形成的受法律保护的民事权益。对数据权益可从不同的视角观察。根据权益的内容可将其大致分为财产性权益和人格性权益，按主体则可将其分为数据来源者的数据权益、数据处理者的数据权益和数据控制者的数据权益。将两个视角相结合，便可从数据来源者的人格性权益以及数据处理者和控制者的财产性权益两个方面展开论述。

（一）数据来源者的人格性权益

数据来源者的人格性权益目前主要体现为作为信息主体的自然人的权益。《民法典》第111条明确规定，个人信息受到法律保护，然而关于个人信息是权利还是利益，学界存在分歧。有学者认为，该条不应被称为个人信息权，以免混淆隐私权和个人信息权，同时也是考虑了个人信息权的消极权能和积极权能过强，会阻碍信息的自由流通。[③]也有学者认为，必须把《民法典》第111条规定的个人信息理解为个人信息权，以便更好地保障个人信息。[④]

当前，赋权是互联网时代中实现个人信息保护的趋势。首先，个人信息权具备独立的权利内容；其次，对个人信息赋权，将使个人信息获得明确的法律保护，从而使自然人有关个人信息侵权纠纷有了法律依据。但个人信息权既包含人身利益又包含财产利益，它应被视为一种新型具体人格权还是财产权，仍然是一个值得深思的问题。目前，保护个人信息上的商业价值和人格利益有两种不同赋权方式：一是将这两种利益视为人格权中的一项

① 姚佳：《企业数据权益：控制、排他性与可转让性》，载《法学评论》2023年第4期。

② [英]约瑟夫·拉兹：《法律权利》，葛四友译，载朱振、刘小平、瞿郑龙等编译：《权利理论》，上海三联书店2020年版，第248页。

③ 李宇：《民法总则要义：规范释论与判解集注》，法律出版社2017年版，第341—346页。

④ 杨立新：《个人信息：法益抑或民事权利——对〈民法总则〉第111条规定的“个人信息”之解读》，载《法学论坛》2018年第1期。

权利，如德国和我国的人格商品化原则；二是将这两种利益视为人格权和财产权双重权利，如美国的公开权原则。[①]上述两种方式可分别称为“一元模式”和“二元模式”。

本书认为，在法律性质上，个人信息属于具体人格权，与隐私权、名誉权等传统人格权存在较大差别。个人信息以可识别性为特征，且以信息的形式呈现，但传统人格权通常也以信息形式呈现，且必然与特定自然人相关联，这使得个人信息权总与隐私权等传统人格权发生重叠，进而导致个人信息权作为一项具体人格权的独立地位遭到质疑。[②]破除个人信息权与传统人格权混淆的迷思，关键在于要认识到，个人信息权区别于传统人格权的本质特征是个人信息的算法识别性。个人信息权制度的核心问题，应是回应以人工智能为典型代表的算法识别技术带来的机遇和挑战，其核心关怀是维护个人对其个人信息的自主控制和决定权，并实现个人信息的财产价值。这与传统人格权有着显著不同。若个人信息被发布于网络空间，但该信息并未被算法技术所处理，此时仍应适用传统人格权；反之，则应适用个人信息权。因此，算法识别性才是个人信息的本质特征，并可据此证成个人信息作为一项独立具体人格权的法律地位。[③]在权利救济方面，我国《个人信息保护法》第69条规定，处理个人信息侵害个人信息权益造成损害，个人信息处理者不能证明自己没有过错的，应当承担损害赔偿等侵权责任。可见，我国个人信息的侵权保护适用了区别于传统侵权的一般过错责任，适用过错推定原则。至于个人信息保护是否可以适用精神损害赔偿，本书认为，鉴于个人信息具有人格权益的本质属性，关乎个人的精神利益，个人信息权益侵权损害主要体现为精神损害，而救济此类损害最为有效的方式便是精神损害赔偿，故承认个人信息权益侵权损害包括精神损害具有充分的正当性。[④]

（二）数据处理者和控制者的财产性权益

对数据财产权益的分析大多围绕商业数据或企业数据展开。讨论数据处理者和控制者的财产性权益的前提是个人信息经过匿名化从而成为可商业化利用的企业数据。匿名化处理是指使得个人信息无法被识别的技术处理过程，即在采集用户信息后，企业通过数种匿名化技术将其中的个人信息处理为匿名信息的过程。[⑤]《个人信息保护法》第4条规定，匿名化的信息不属于个人信息，不受该法保护；“数据二十条”也明确规定，对各类市场主体在生产经营活动中采集加工的不涉及个人信息和公共利益的数据，市场主体享有依法依规持有、使用、获取收益的权益。由此可见，个人数据的匿名化是数据进入流通领域的前提，所以下面关于数据处理者和控制者对数据享有权益的讨论均建立在数据匿名化的基础之上。

近年来，数据财产利益纠纷频发，数据竞争日趋激烈，主要体现为企业以不正当竞争

---

① 刘金瑞：《个人信息与权利配置——个人信息自决权的反思和出路》，法律出版社2017年版，第177页。

② 彭诚信：《论个人信息权与传统人格权的实质性区分》，载《法学家》2023年第4期。

③ 彭诚信：《重解个人信息的本质特征：算法识别性》，载《上海师范大学学报（哲学社会科学版）》2023年第3期。

④ 程啸：《侵害个人信息权益的侵权责任》，载《中国法律评论》2021年第5期。

⑤ 郑佳宁：《数据匿名化的体系规范构建》，载《政法论丛》2022年第4期。

行为对数据财产利益的争夺。例如，“大众点评诉百度案”[①]“新浪微博诉脉脉案”[②]等，法院都认可了网络经营者就用户数据获得的正当合法的竞争优势和竞争利益，前提是保障用户权益。企业作为数据的收集者、存储者和管理者，基于控制而享有对数据的事实利益，但是这种事实利益没有经过正当化评价成为一种民事权益，企业对此的支配性和排他性很弱。因此，为了避免“数据垄断”“数据竞争”“数据孤岛”等问题，有必要使数据的财产利益从“事实性利益”走向“规范性权利”，即“数据财产权益权利化”。[③]

目前，对于是否应当赋予数据处理和控制者某种数据权益以及应当赋予何种权益，司法实践采取行为规制方式保护数据权益，即以商业秘密保护、反不正当竞争等规则规制不正当的数据处理行为，而学界仍存在较大分歧，代表性的主张主要有赋权路径、行为规制路径以及综合路径等。

1. 赋权路径

该路径的支持者主张采用赋予企业特定权利的方式来保障其利益。[④]鉴于数据具有无形性、可复制性、相对的非竞争性，机械套用传统的民法物权理论赋予数据主体某种数据所有权的赋权路径已逐渐难以为继，于是支持该路径的学者又陆续提出了“新型数据权”“数据知识产权”“权利束”等不同观点。这些观点总体来讲都主张通过赋权的方式对企业数据权益进行事前保护，只是在赋权根据和具体的建构方案上存在差异。

2. 行为规制路径

该路径的逻辑起点在于数据经济的发展并不一定依赖数据权属的清晰界定，企业数据权属的制度设计重心应由“所有”转向“使用”，主张更多从事后的角度对数据资源的利用秩序进行规范。具体来讲，支持该路径的学者主张利用反不正当竞争规则等处理现有的数据纠纷，典型如“新浪微博诉脉脉案”“抖音诉刷宝案”等司法判例，均借助《反不正当竞争法》的“一般条款”来认定被告构成不正当行为进而维护企业的数据权益，避开了精细确权可能带来的论证成本和解释难题。

3. 综合路径

随着对企业数据的探讨走向深处，更为综合的方案也被陆续提出。有学者认为，由于数据具有多种特征，企业数据问题相应地也可以采用多元的规制路径予以解决。[⑤]还有学者主张充分发挥公法与私法、财产规则与责任规制、硬法与软法的各自优势，形成多元共治的企业数据保护路径。[⑥]

总之，围绕企业数据权属的讨论纷繁复杂，但不容忽视的是，数据的生成往往是多方

① （2016）沪73民终242号民事判决书。

② （2015）海民知初字第12602号民事判决书。

③ 李安：《论企业数据财产权的正当性——以洛克财产权学说为视角》，载《科技与法律（中英文）》2022年第1期。

④ 申卫星：《数字权利体系再造：迈向隐私、信息与数据的差序格局》，载《政法论坛》2022年第3期；宋方青、邱子键：《数据要素市场治理法治化：主体、权属与路径》，载《上海经济研究》2022年第4期。

⑤ 沈健州：《数据财产的权利架构与规则展开》，载《中国法学》2022年第4期。

⑥ 包晓丽：《二阶序列式数据确权规则》，载《清华法学》2022年第3期。

主体共同参与的结果，从一开始就未为某个单一主体完全“所有”过。这就决定了未来这一问题的走向不再是追问和确定单一的所有权主体，而是探索出一套对数据权利进行结构性分置，并保证多个主体对同一数据能够分别主张不同权利且并行不悖的企业数据配置方案。[①]“数据二十条”就提出要构建以“数据资源持有权”“数据加工使用权”“数据产品经营权”为核心的数据产权结构。但目前来看，“数据三权”仍属于一种经济学上有关产权的概念，尚需探索法学语境下上述三种权利的概念内涵、适用场景、具体规则以及救济方式等内容，为我国数据经济发展提供法治保障。

二、数据安全

（一）数据安全的内涵

安全与风险是一对相对的概念。其中，对安全基本内涵的认识至少包括两个层面：一是免于匮乏和免于恐惧之状态；二是对无忧无虑的美好生活的一种期许。与之相对应，风险则是一种未来的不确定性，[②]而正是这种不确定性侵害了安全的自然状态，此时需要法律通过风险治理保障安全。随着生产力的不断发展，风险的类型不断发生变化，安全的具体内涵也在不断更迭。在生产力较为低下的古代，人与人之间的交往并不频繁，风险的种类也较为单一，因此当时的法律主要关注对个体人身和财产安全的保障；[③]到了近代，工业革命带来便捷的交通方式，人与人之间愈加频繁的交往使得社会风险特征从点对点、偶发性和个体性，转向群体性、区域性，[④]引发对集体安全和国家安全的关注。进入当代，以人工智能为代表的新技术的迅猛发展使得数据成为“21世纪的石油”，[⑤]同时带来了数据泄露、个人隐私侵犯等问题，安全的保障范围由物理空间向虚拟空间扩张，数据安全的概念由此产生。

我国《数据安全法》第3条明确了“数据安全”的内涵[⑥]：数据安全是指数据控制者必须严格遵守相关规定，妥善保存自身信息，并采用必要的保护措施来避免数据的流失、泄漏、篡改、滥用或损坏等。保障数据安全，不仅需要限制数据的使用和公开，还应采用适当的安全保护措施。

---

① 陈吉栋、刘羿鸣：《数字法治与数字法学兴起十年综述》，载《中国信息安全》2023年第2期。

② 郑作彧、吴晓光：《卢曼的风险理论及其风险》，载《吉林大学社会科学学报》2021年第6期。

③ 任瑞兴：《论法律的安全价值生成逻辑》，载《河南大学学报（社会科学版）》2023年第3期。

④ 赵精武：《民法上安全原则的确立与展开：以风险社会治理转型为视角》，载《暨南学报（哲学社会科学版）》2022年第4期。

⑤ Jan Michael Nolin，“Data as oil，infrastructure or asset? Three metaphors of data as economic value”，*Journal of Information*，*Communication and Ethics in Society*. Volume 18，Issue 1.2019.

⑥ “安全”是《数据安全法》的立法之基，从解释论上观察，“数据的安全”一词源于我国《国家安全法》第25条。该条规定，国家建设网络与信息安全保障体系，提升网络与信息安全保护能力，加强网络和信息技术的创新研究和开发应用，实现网络和信息核心技术、关键基础设施和重要领域信息系统及数据的安全可控；加强网络管理，防范、制止和依法惩治网络攻击、网络入侵、网络窃密、散布违法有害信息等网络违法犯罪行为，维护国家网络空间主权、安全和发展利益。

（二）数据安全的基本制度

依据《数据安全法》第3条第3款之规定，数据安全，是指通过采取必要措施，确保数据处于有效保护和合法利用的状态，以及具备保障持续安全状态的能力。为了有效防范数据安全风险，《数据安全法》从风险认识到主体权利再到机制和规则设计，初步奠定了数据安全的一系列制度，包括但不限于数据分类分级制度、安全审查制度、数据安全保障义务等。

1. 数据分类分级制度

为了维护国家安全、公共利益以及个人和组织的合法权益，我国设立数据分类分级保护制度，严格防范数据被篡改、破坏、泄露或者非法获取、非法利用，以确保数据的安全和完善。根据《数据安全法》，数据可分为一般数据和重要数据两类，其中重要数据背后体现了对国家安全、国计民生、公共利益的保障，因此重要数据处理者将承担比一般数据处理者更重的安全保障义务。

2. 安全审查制度

《数据安全法》第24条规定，国家建立数据安全审查制度，对影响或者可能影响国家安全的数据活动进行国家安全审查。《网络安全审查办法》则明确，关键信息基础设施运营者采购网络产品和服务，网络平台运营者开展数据处理活动，影响或者可能影响国家安全的，应当进行网络安全审查。《数据安全法》旨在保护我国数据安全，其审查的对象涵盖了一切可能危害国家安全的数据活动，无论是线上还是线下，且没有对数据主体作出任何限制。《网络安全审查办法》则较为严格，审查主体仅包括关键信息基础设施运营者和网络平台运营者，审查活动主要针对产品或服务的采购环节和开展数据活动，但审查内容较为广泛。

3. 数据安全保障义务

我国的数据安全保障义务主要体现在《数据安全法》中。《数据安全法》第四章全章规定了“数据安全保护义务”，具体内容有：应制定完备的全流程数据安全管理制度，积极组织展开相关教育训练，采取有效的技术手段和一些必须的保护措施，以确保安全；在从事数据处理行为或分析开发数据技术时，必须符合公共利益；数据处理者应承担风险处置义务；对重要数据处理者的风险评估义务；关键信息基础设施和其他数据处理者重要数据出境规则义务；境内组织或者个人收集数据的义务；数据中介服务机构的义务；数据处理相关服务提供者依法取得行政许可的义务；配合国家机关依法调取数据的义务；未经批准不向外国司法或者执法机构提供境内数据的义务。

三、数字经济发展与数据安全的平衡

在数据安全之外，数字经济发展也同为数字法治所追求的重要价值，如何平衡两者的关系，考验着制度设计的能力。习近平曾指出，“发展是安全的基础，安全是发展的条件”①。

---

① 习近平：《坚持总体国家安全观》（2014年4月15日、2017年2月27日），载《习近平著作选读》第一卷，人民出版社2023年版，第235页。

实践中，安全和发展间的良性互动在数字法治有关制度建设中也得到充分体现。例如，为实现数据要素价值的充分释放，不断完善数据交易制度成为近年来我国促进数字经济发展和赋能实体经济的努力方向。在数据交易的立法与实践中，一方面，数据交易可能引发诸如数据中的个人隐私、商业秘密甚至国家秘密泄露等问题，因此需要通过明确数据交易过程中交易双方以及交易平台各自的数据安全保障义务来规范各主体的行为，从而促进数据交易的健康发展；另一方面，由于数据交易规模不断扩大，对于诸如隐私计算等保障数据安全技术的需求也在不断增加，这从客观上也促进了我国数字科技的发展，为确保我国数据安全提供了重要的技术保障。

思考题

1. 简述数据法律行为的构成。
2. 简述数据安全的重要意义。
3. 如何理解数据删除权？

▶ 拓展阅读

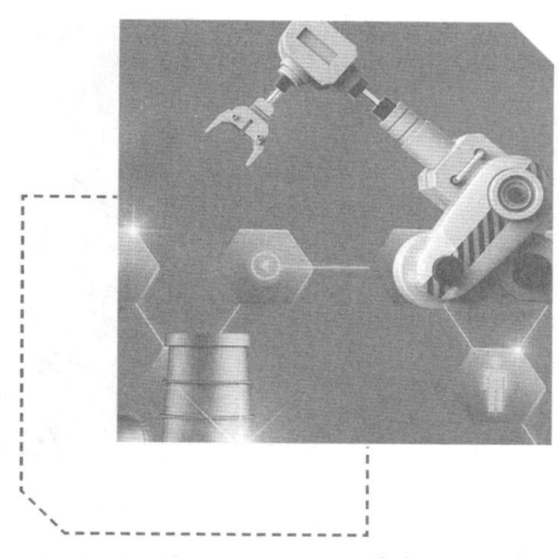

第三章
公共数据利用

数据的价值在于利用。公共数据作为数据的一个重要类型，蕴含着丰富的经济、社会与治理价值。本章首先对公共数据的内涵和外延进行界定，分析公共数据的具体类型，然后分别对公共数据开发利用的两种方式予以介绍，最后讨论公共数据在开发利用中的安全问题。

第一节 公共数据概述

一、公共数据的概念范围

分析公共数据的理论基础并建构公共数据治理与流通制度，首先应当明确公共数据概念的涵摄范围。不同立法对于公共数据内涵外延的不同界定不仅导致法律系统内部概念的不协调，阻滞数据资源在横向区域间的流通融合，还可能造成政府公共数据治理混乱，影响公共数据共享开放和开发利用法秩序的合理建构。

目前，我国中央层面尚未有专门的公共数据立法对公共数据的内涵和外延予以厘清，[①]但不少地方性法规对公共数据的概念进行了界定。譬如，《上海市数据条例》第2条就明确规定，公共数据是指国家机关、事业单位、经依法授权具有管理公共事务职能的组织，以及供水、供电、供气、公共交通等提供公共服务的组织，在依法履行公共管理与服务职责过程中收集和产生的数据；《深圳经济特区数据条例》第2条规定，公共数据是指公共管理和服务机构在依法履行公共管理职责或者提供公共服务过程中产生、处理的数据；《浙江省公共数据条例》则以“概括+列举”的方式规定了公共数据的含义；广东、海南等地也在其数据立法中明确了公共数据的含义。[②]从地方立法关于公共数据的界定可见，公共数据的内涵可从主体、行为、目的三个层面进行界定。

首先，收集、产生和处理公共数据的机构应当是政府、人大、法院等国家机关，或者其他由法律、行政法规授权的公共管理和服务组织。依此，供水、供电、供气、公共交通等民生服务领域供给公共产品和服务的组织所收集、产生和处理的数据，同样应被纳入公共数据的范畴。其次，公共数据的开放共享旨在促进公共利益；服务于私人利益的数据不属于公共数据。对于“公共利益”具体含义的理解，政治学与经济学等学科尚未达成共识，[③]但鉴于公共数据所具有的促进公共管理和服务的价值取向，有观点认为，应对公共利

① 《电子商务法》《网络安全法》和《电信条例》虽然采用了“公共数据”的概念，却未明确规定公共数据的具体内涵；而《数据安全法》也只规定了政务数据而非公共数据。

② 具体内容可见《广东省公共数据管理办法》第3条、《海南省公共数据产品开发利用暂行管理办法》第3条。

③ [英]迈克·费恩塔克：《规制中的公共利益》，戴昕译，中国人民大学出版社2014年版，第1页。

益作广义解释，即数据的内容将关系不特定多数人的利益，包括国家利益。[①]但公共利益的内涵过于模糊，可能导致公共数据概念外延的无限扩张，[②]所以需要对这一要件的具体内容进行必要限制。最后，以促进公共利益为目的而收集、产生和处理的数据并不必然都是公共数据，还应符合行为标准，即公共数据应是依法履行公共管理和服务职能过程中收集、产生和处理的数据。综合公共数据的主体、目的和行为标准，可以总结出公共数据的含义：公共数据是公共管理和服务机构为促进公共利益，在履行公共管理和服务职能过程中收集、产生和处理的数据。

值得注意的是，针对公共数据与政务数据的概念区分也存在诸多讨论。政务数据在《数据安全法》中被多次提及，但暂无定义。根据《安徽省政务数据资源管理办法》第2条的规定，政务数据是指政府部门及法律、法规授权具有行政职能的组织（以下称“政务部门”）在履行职责过程中制作或者获取的，以电子或者非电子形式记录、保存的文字、数字、图表、图像、音频、视频等，包括政务部门直接或者通过第三方依法采集的、依法授权管理的和因履行职责需要依托政务信息系统形成的数据等。这一定义实际上是对国务院发布的《政务信息资源共享管理暂行办法》中“政务信息资源”定义的另一种表述。[③]有学者将公共数据与政务数据混为一谈，[④]或者认为公共数据和政务数据背后代表着相似的数据权益，因此两者实质上是同一概念。[⑤]公共数据虽与政务数据有着千丝万缕的联系[⑥]，但二者并不相同。公共数据包括与公权力部门履职相关的数据和与公共利益相关的数据，涵摄范围广于政务数据。此外，公共数据的开放性更强，相较于政务数据而言更强调数据治理主体的多元化，强调多元社会主体的共同参与。

二、公共数据的类型化

根据不同的标准，可以对公共数据作不同的分类，并采取差异化的规制路径，从而提高公共数据开发利用的效率与科学性。

从学理的角度，有学者认为，公共数据的本质是公共性，但公共性在不同的公共数据中有所不同，因此要采取差异化的规制路径。具体而言，可以从主体的公共性及行为的公共性两个层面出发，对公共数据予以类型化。[⑦]主体的公共性主要从该主体是否为公共资金所支持（如政府、国企），以及是否营利两个方面判断；行为的公共性则以公共数据是在生

---

① 郑春燕、唐俊麒：《论公共数据的规范含义》，载《法治研究》2021年第6期。

② 王锡锌、王融：《公共数据概念的扩张及其检讨》，载《华东政法大学学报》2023年第4期。

③ 邢会强：《政务数据共享与个人信息保护》，载《行政法学研究》2023年第2期。

④ 赵加兵：《公共数据归属政府的合理性及法律意义》，载《河南财经政法大学学报》2021年第1期。

⑤ 商希雪：《政府数据开放中数据收益权制度的建构》，载《华东政法大学学报》2021年第4期。

⑥ “公共数据”与“政务数据”的联系主要体现在政务数据概念的产生早于公共数据，对政务数据的定义也成为之后划定公共数据内涵与外延的重要参考。

⑦ 沈斌、黎江虹：《论公共数据的类型化规制及其立法落实》，载《武汉大学学报（哲学社会科学版）》2023年第1期。

产公共产品中产生的，还是在生产准公共产品中产生的为判断标准。根据以上标准，公共数据可以被类型化为以下四类：（1）政务数据，即各级行政机关以及具有行政职能的事业单位的数据。此外，人大、政协、司法和监察等其他国家机关的数据也属于此类。[①]（2）公共非营利主体数据，即非管理性主体提供准公共产品而产生的数据，这类数据公共性程度较弱且存在数据治理主体与数源主体分离的现象。数源主体具体包括如下几类：一是基金会，如中国红十字会、中国残疾人福利基金会等；二是公益服务类事业单位，如公立学校等教育事业单位、公立医院等卫生事业单位、报纸杂志社等文化事业单位等；三是社会团体，如中华全国总工会、中华全国妇女联合会、作家协会等；四是社会服务机构，如民办非营利性学校、民办非营利性医院等。（3）公共营利主体数据，即公共财政支持的公共营利主体提供准公共产品产生的数据，数源主体包括电力公司、燃气公司、公交集团等。（4）非公共营利主体数据，即非公共资金支持的营利性主体在医疗、教育等准公共产品的供给中所产生的数据，代表主体有民办学校、民办医院等。总体来讲，这一分类方式体现了对公共数据公共性的认知，但缺乏对公共数据使用场景的考虑。例如，“数据二十条”就提出，推动用于公共治理、公益事业的公共数据有条件无偿使用，探索用于产业发展、行业发展的公共数据有条件有偿使用。因此，如何探索一条更加综合多元的类型化思路，还有待进一步探讨。

第二节 公共数据的开发利用

公共数据作为一种主要的数据类别，[②]占数据总量的绝大多数，被视为建构数据要素市场的重要组成部分。公共数据的开发利用目前有公共数据开放和公共数据授权运营两种模式。在公共数据开放实践遭遇困境的背景下，授权运营作为一种社会化、市场化利用公共数据的全新制度安排，承载着政府、市场与社会的强烈期盼。2021年3月颁布的《中华人民共和国国民经济和社会发展第十四个五年规划和2035年远景目标纲要》首次提出要开展政府数据授权运营试点，促使地方层面有关公共数据授权运营的探索逐步展开。[③]下文将围绕公共数据开发利用的两种制度以及公共数据开发利用中的安全制度展开论述。

---

① 沈斌：《论公共数据的认定标准与类型体系》，载《行政法学研究》2023年第4期。

② 对数据的分类方式，学界存在争议，但多数都主张从主体层面进行划分，本书亦采用该标准对数据进行分类。具体论述参见朱宝丽：《数据产权界定：多维视角与体系建构》，载《法学论坛》2019年第5期；李晓宇：《权利与利益区分视点下数据权益的类型化保护》，载《知识产权》2019年第3期。

③ 公共数据授权运营的探索目前已在我国多个城市展开。在上海，《上海市数据条例》于2022年生效，率先正式提出公共数据授权运营制度；在成都，公共数据被视为国有资产统一授权给国有企业进行市场化运营；在浙江，《浙江省公共数据条例》明确允许县级及以上人民政府开展公共数据授权运营。

一、公共数据开放

（一）公共数据开放概述

公共数据开放是指政府作为公共数据的控制者，根据法定的程序向社会提供公共数据，以促进公共数据的开发利用与价值挖掘的行为。《浙江省公共数据条例》第27条明确指出，本条例所称公共数据开放，是指向自然人、法人或者非法人组织依法提供公共数据的公共服务行为。在国外，英国在2005年就发布了《公共部门信息再利用规则》，目的在于促进公共部门的信息再利用，以发挥其政治、经济与社会效益。美国则在2009年签署《透明和开放政府备忘录》，要求政府数据最大程度地向公众及创新公司开放。在我国，自2015年《国务院关于积极推进"互联网+"行动的指导意见》出台，中央和地方层面的数据立法均将公共数据开放作为一项重要的制度予以强调，公共数据平台也在各个城市逐步建立。据统计，截至2023年8月，我国已有226个省级和城市的地方政府上线了数据开放平台，其中省级平台22个（不含直辖市和港澳台），城市平台204个（含直辖市、副省级与地级行政区）。[①]公共数据开放已逐步铺开，有序推动着我国公共数据价值的深度释放。

从目前的立法层面来看，地方数据立法主要从公共数据的开放属性出发，将公共数据界分为无条件开放的公共数据、受限开放的公共数据以及禁止开放的公共数据。以《浙江省公共数据条例》为例，禁止开放的公共数据主要是指那些涉及国家安全、公共利益、个人信息等的数据。受限开放的公共数据主要是指对数据安全和处理能力要求较高、时效性较强或者需要持续获取的数据。涉及个人信息、商业秘密或者保密商务信息的公共数据，有下列情形之一的，可以由禁止开放转为受限开放或无条件开放：（1）涉及个人信息的公共数据经匿名化处理的；（2）涉及商业秘密、保密商务信息的公共数据经脱敏、脱密处理的；（3）涉及个人信息、商业秘密、保密商务信息的公共数据指向的特定自然人、法人或者非法人组织依法授权同意开放的。其他公共数据则属于无条件开放的公共数据。

（二）公共数据开放的性质定位：公物的一般利用

针对公共数据的权属问题，学界主要有两种观点：一是论证公共数据归国家所有，进而证成国家控制和处理公共数据的合法性；二是将公共数据定义为一种行政法意义上的"公物"，并按照公物的使用规则来规制国家的有关行为。

公共数据归国家所有观点试图从"所有权"的层面建构国家控制和处理公共数据的合法性基础。然而问题是：所有权作为权利体系中对客体支配程度最高的权利，其制度设计以支配和排他为核心，进而确定特定资源的利用秩序，[②]而公共数据具有无形性、非竞争性和可重复利用性，机械套用传统所有权的规制路径恐怕难以为继。展开来说，公共数据是以二进制代码为形式固定在特定载体上的电子记录，人很难直接感知与控制，这使得以占有为主要权利表征的所有权丧失了适用的客观基础。此外，由于公共数据不具有天然的稀

① 参见《2019年中国地方政府数据开放报告》。

② [美]哈罗德·德姆塞茨：《所有权、控制与企业——论经济活动的组织（第一卷）》，段毅才等译，经济科学出版社1999年版，第26页。

缺性和竞争性，可被多方主体掌握、共享且不造成消耗，无需赋予权利人具有对世性和排他性的所有权以保障特定主体对此种资源生成利益的获取。[①]对此，一个可能的思路是，将相应的产权制度设计的重心由"所有"转向"使用"，"不求所有，但求所用"，[②]避免特定主体的独占性使用，推动公共数据资源的开放共享。

基于此，采用行政法上的公物理论将公共数据界定为一种公物或更加合适。公物是指由国家或其他行政主体支配，以公用为目的、服务公共利益，并由公法规则所确认之物。[③]公共数据如交通、气象、金融、医疗数据等，蕴含着与民生密切相关的海量信息，可为民众从事社会和市场活动提供必要的指导和帮助，这决定了公共数据的使用应当服务于公共利益而非特定人的私利。而从地方立法实践来看，近年来我国多地通过数据立法将公共数据纳入公法的调整范围，并采取相应的公法手段予以规制。例如，《上海市数据条例》第5条明确由上海市大数据中心具体承担上海市公共数据的集中统一管理，推动数据的融合应用。可见，将公共数据界定为一种公物具有理论和实践双重层面的合理性。

迥异于传统的所有权路径，公物理论将公物的公益目的放在首位，但这并不仰赖在公物之上设置所有权，[④]而强调通过完善公物的使用机制实现"公用"而非"公有"之目的，[⑤]这使得政府无需对公共数据予以精细化确权，就能实现公共数据的流通使用，实现赋能实体经济等目标。对公物的使用可具体分为一般使用和特别使用两种。[⑥]公物之使用是国家履行对公民的照顾义务以及增进社会福祉的重要手段，因此对公物的使用原则上应服务于其设置的本来目的，保障公民平等、自由、合理地使用公物。[⑦]例如，道路作为一种公物，主要供流通所用，只要没有对公民使用权进行明文限制，公民就可加以合理利用，这就是公物的一般使用。而随着公物制度的发展与更新，超出公物设置本来目的而对其进行的利用也逐渐得到了法律的允准，这是公物的特别使用。[⑧]公物的特别使用通过行政许可、行政协议等程序创设高度属人性的公法利用关系，为特定主体提供权益保障，以实现公物价值的最大化。[⑨]就公共数据而言，采用公共数据开放等方式保障公众对公共数据进行自由、平等的利用，这种使用方式属于一般使用。

---

① 齐英程：《作为公物的公共数据资源之使用规则构建》，载《行政法学研究》2021年第5期。

② 张文显：《无数字，不人权》，载《网络信息法学研究》2020年第1期。

③ 朱维究、孟庆武：《行政公物基础理论研究》，载《学术界》2019年第7期；梁君瑜：《公物利用性质的反思与重塑——基于利益属性对应权利（力）性质的分析》，载《东方法学》2016年第3期。

④ 梁君瑜：《论公物利用法律关系的权利（力）构造》，载《大连海事大学学报（社会科学版）》2015年第4期。

⑤ 公物和私物在概念上的相对是一种性质上的相异，而非公有与私有的对立。公物并不必然为"公"所有，私人所有的财产若符合公用特定用途亦可成为公物，即私有公物。参见杨解君、赖超超：《公物上的权利（力）构成——公法与私法的双重视点》，载《法律科学（西北政法学院学报）》2007年第4期。

⑥ 周许阳：《公物理论视角下的尾号限行——反思与重塑》，载《行政法学研究》2016年第5期。

⑦ 蒋飞：《社会治理视域下的公物行政权的法治解构》，载《山东科技大学学报（社会科学版）》2018年第6期。

⑧ 王名扬：《法国行政法》，北京大学出版社2007年版，第341页。

⑨ 吴亮：《政府数据授权运营治理的法律完善》，载《法学论坛》2023年第1期。

（三）公共数据开放的困境与不足

公共数据开放是一项具有普惠意义的数据利用制度，其目的在于保障市场主体对公共数据平等、公平和无差别的获取和利用，[①]在性质上接近公物的一般使用。但这种基于公平理念的机制在具体实践中并不乐观。近几年，各国的公共数据开放事业普遍放缓，[②]多数地方政府公共数据开放平台难以实现持续更新，同时存在开放形式单一、成果数量不足、质量较差等问题。[③]这可能与公共数据开放模式自身存在的内在缺陷有关：（1）公共数据不同于企业数据，[④]与个人信息和公共利益高度相关，不法分子有可能将这些数据与其他数据进行关联分析，从而导致国家机密或个人隐私的泄露，[⑤]而当公共数据开放可能导致数据安全风险时，行政机关及其人员倾向于减少公共数据的开放数量，以避免承担某些不确定的风险。[⑥]（2）公共数据开放采用无偿方式进行，[⑦]但政府在公共数据的收集中投入了大量的人力、物力成本，无偿开放使得政府成本无法被补足，影响了其向社会提供公共数据和有关数据产品的积极性。（3）开放的公共数据质量不高，影响公共数据开放的价值目标的实现。公共数据质量的好坏将直接关系到政府开放数据的实际价值，而从学者的研究结果来看，我国开放数据及元数据的质量状况不容乐观。[⑧]

然而，上述原因均未触及数据开放的根本性缺陷，即数据开放作为对公共数据这一“公物”的一般使用机制，其制度价值着眼于向公众提供尽可能多的公共数据，关注的是数据开放的广度、公众易于接触的程度，而忽略了数据的挖掘深度以及数据信息、产品、服务等附加价值，这使得市场主体接收到的可能是“杂音”而非“知识”，[⑨]进而导致公共数据的利用率始终不高，已经开发出的应用场景也不够丰富。

总之，一方面，政府基于数据安全的考虑而“不敢开放”或因成本难以补足而“不愿开放”；另一方面，社会公众受制于有限的数据范围和较低的数据质量而“不愿利用”，导致公物的一般使用机制已难以满足社会对提高公共数据利用效率的需求，亟需引入公物的

---

① 陈越峰：《超越数据界权：数据处理的双重公法构造》，载《华东政法大学学报》2022年第1期。

② 万维网基金会（World Wide Web Foundation）在开放数据指标2017年全球评价报告中明确指出，政府数据开放事业的发展速度在世界范围内都出现普遍放缓。

③ 参见《2020年下半年中国地方政府数据开放报告》。

④ 根据中共中央、国务院发布的《关于构建数据基础制度更好发挥数据要素作用的意见》，企业数据是指各类市场主体在生产经营活动中采集加工的不涉及个人信息和公共利益的数据。

⑤ 侯晓丽、彭靖、赵需要：《政府数据开放中国家秘密的泄露风险与保护策略》，载《情报理论与实践》2018年第7期。

⑥ 丁晓东：《从公开到服务：政府数据开放的法理反思与制度完善》，载《法商研究》2022年第2期。

⑦ 在国外，公共数据开放并非一律免费，如在法国，部分数据需要依据行政机构内部生效的定价制度获取。然而，目前有偿数据开放的做法在我国仍停留在理论层面。参见黄如花、林焱：《法国政府数据开放共享的政策法规保障及对我国的启示》，载《图书馆》2017年第3期；胡业飞、田时雨：《政府数据开放的有偿模式辨析：合法性根基与执行路径选择》，载《中国行政管理》2019年第1期。

⑧ 杨瑞仙、毛春蕾、左泽：《我国政府数据开放平台建设现状与发展对策研究》，载《情报理论与实践》2016年第6期。

⑨ See Frederick Schauer，“Transparency in Three Dimensions”，*University of Illinois Law Review*，1345（2011）.

特别使用机制来破局，公共数据的授权运营应运而生。

二、公共数据授权运营

（一）公共数据授权运营的概念

公共数据授权运营诞生于政府数据治理的实践，但作为法律概念，对其制度内涵的界定显然不能只停留于实践层面，还应结合有关法学理论，以确保定义的涵摄效果。在实践层面，以2篇地方立法和1项地方标准为例（详见表3–1），对这些公共数据授权运营定义进行横向比较，从而提炼出公共数据授权运营应包括的基本要素，具体如下：

（1）授权的主体，解决谁来授权的问题。一般规定由政府授权，但具体由哪一级政府授权，地方的做法不一。（2）被授权的主体，解决授权给谁的问题。基于数据安全保障的需要，应当对被授权主体的数量、相关资质等提出要求。（3）运营行为，解决授权运营具体如何开展的问题。其内容可包含授权主体和被授权主体在运营过程中的行为规范、是否需要签订授权运营协议以及运营中的监管措施等。（4）收益分配，主要考虑授权主体是否能够向被授权主体收费，以及被授权主体能否从授权运营中获得受益的问题。

基于以上分析，本书对授权运营作如下定义：公共数据授权运营是指政府作为授权主体根据法律规定的具体流程确定被授权主体，授权其在一定期限内对一定范围的公共数据进行加工处理，开发形成公共数据产品并向社会提供服务的法律制度。授权运营应当签订授权运营权协议，明确双方权利义务、收益分配方式、授权期限、监督与退出机制等内容。

表3–1　地方立法/标准中关于公共数据授权运营的定义

地方立法/标准	定义原文	授权主体	授权对象	运营行为	收益分配
《浙江省公共数据授权运营管理办法（试行）》	县级以上人民政府按程序依法授权法人或者非法人组织对授权的公共数据进行加工处理，开发形成公共数据产品，并向社会提供的行为	√	√	√	×
《四川省数据条例》	县级以上地方各级人民政府可以在保障国家秘密、国家安全、社会公共利益、商业秘密、个人隐私和数据安全的前提下，授权符合规定安全条件的法人或非法人组织开发利用政务部门掌握的公共数据，并与授权运营单位签订授权运营协议	√	√	√	×

续表

地方立法/标准	定义原文	授权主体	授权对象	运营行为	收益分配
公共数据授权运营指南（DB3310/T93-2022）	县级以上人民政府指定的本级公共数据主管部门按程序依法授权运营单位（符合规定条件的法人或非法人组织），对授权的公共数据（包括无条件开放类和受限开放类）进行加工处理，开发形成数据产品并向社会提供服务获取合理收益的行为	√	√	√	√

目前，公共数据授权运营的制度构成还处于探索阶段。可以看到，公共数据的授权运营包含“授权”和“运营”两个关键词。首先是授权。与公共数据开放不同，授权运营模式下政府并非直接向社会提供公共数据，而是将这一职责授权给其选定的数据运营商，由运营商将政府提供的数据加工成数据产品再将其投入市场，满足市场的需求。但这就导致了很多问题，如数据运营商应如何确定？由谁来进行授权？授权行为的性质为何？从目前的地方立法实践来看，这些问题还没有得到较好解决。其次是运营。运营是指政府将数据授权给运营商后，运营商采取市场化的方式对公共数据进行商业化开发，在促进公共数据利用的同时自身也获得了利益。但这又产生了新问题，即被授权运营的运营商是否以无偿方式取得授权？如果是有偿的，法理依据又是什么？这些问题也没有定论。

（二）公共数据授权运营的法律性质

由于授权运营中含有“授权”二字，或可被视为一种行政许可。但行政许可也分普通许可和行政特许，仍需对授权运营进一步明确。

可以肯定的是，授权运营行为与普通许可存在显著差异。我国《行政许可法》第12条将行政许可划分为普通许可和行政特许两种类型。前者表征为解除法律禁止，以恢复当事人的行为自由，典型代表有市场监督管理部门向符合条件的企业颁发营业执照、司法部向通过法律职业资格考试的考生颁发证书等。后者则指国家将其掌握的资源使用权或经营权出让给组织或个人，是赋予当事人权利的行为，主要适用于有限自然资源的开发利用以及直接关系公共利益的事业的市场准入。[①]譬如，在燃气公用事业特许经营中，政府将涉及公共利益的燃气事业的特许经营权授予符合资质的企业，并通过协议约定双方的权利义务，促使被特许方连续、安全、可靠地向社会供应合格燃气。[②]基于以上考察，可以发现，普通许可并非规制公共数据授权运营的可行路径：一是开发利用公共数据并未被法律所禁止，相反，许多地方数据立法还基于促进公共数据价值挖掘的目的明确鼓励市场主体对公共数

① 王克稳：《论行政特许及其与普通许可的区别》，载《南京社会科学》2011年第9期。

② 肖泽晟：《公共资源特许利益的限制与保护——以燃气公用事业特许经营权为例》，载《行政法学研究》2018年第2期。

据进行开发利用，[①]因此政府授权市场主体对公共数据进行商业化开发更像是赋权而非解禁；二是普通行政许可由于并不直接涉及资源和公共利益的配置，往往没有数量限制，只要申请许可人达到了法定条件，许可机关就应当给予许可。[②]而基于公共数据的敏感性和可复制性，为保障数据安全，政府在开展授权运营时往往会限制被授权运营主体的数量。

那么，授权运营中的授权是否符合行政特许[③]的特征呢？有学者认为，行政特许的本质在于特许人与受许人之间的“相似性”：受许人一方面享有与特许人相似的权利，即源于特许人的本不属于受许人的权利，另一方面往往还需负担某些类似于政府的义务。[④]因此也有学者将这种现象总结为“政府的事情，通过合同约定，交给企业去办”[⑤]。在数字化的当下，向公众以各种方式提供公共数据资源并促进公共数据价值的深度释放，已经成为“迈向数字社会”的政府的重要抓手和主要任务。国务院于2022年发布的《关于加强数字政府建设的指导意见》就指出，要构建统一规范、互联互通、安全可控的国家公共数据开放平台，分类分级开放公共数据，有序推动公共数据资源开发利用。然而，政府虽然掌握了海量的公共数据，却往往缺乏相关的专业技术和能力对这些数据进行开发利用。在此背景下，政府将其手中掌握的公共数据授权给专业的公共数据运营商进行商业化运营，运营商在获取经济利益的同时亦部分承担了政府向社会供给公共数据产品和服务的公共职能，形成了政企间的双赢格局，符合行政特许的基本内涵。例如，成都市政府就授权成都市大数据集团依托统一的公共数据运营服务平台对本市的公共数据进行加工，截至2021年4月，已成功向社会提供优质数据产品98个，涵盖车辆交通、奖惩信息、企业管理、医疗健康、证照核查、住房建设等多个领域，实现数据要素价值的充分释放，赋能了该市实体经济的健康发展。[⑥]不过，政府虽然通过授权运营转移了部分公共产品供给的职能，但根据行政特许理论，政府对数据产品的生产经营仍负有指导和监督的职责，被授权方也有义务接受行政主体的指导和监督。[⑦]

如前所述，授权运营并非普通行政许可，而是一种行政特许，更加确切地说，授权运营属于行政特许中的政府特许经营。根据受许人获得的特许的内容不同，有学者依据《行政许可法》第12条将行政特许分为三种类型，即公共资源特许使用、自然资源特许使用和政府特许经营。[⑧]其中公共资源特许使用和自然资源特许使用中，受许人分别获得了对公共资源和有限自然资源的使用权；而政府特许经营中，受许人获得的是一种在政府控制领域

---

① 例如，《浙江省公共数据条例》第36条规定：县级以上人民政府及其有关部门应当通过产业政策引导、资金扶持、引入社会资本等方式，拓展公共数据开发利用场景。

② 王克稳：《行政许可中特许权的物权属性与制度构建研究》，法律出版社2015年版，第30、31页。

③ 行政特许与民商事特许并非同一概念，两者的区别和相似之处参见翟翌：《论“行政特许”对“民商事特许”的借鉴》，载《法学评论》2016年第3期。

④ 翟翌：《基于“相似性”本质的行政特许界定及其应用》，载《中国法学》2016年第1期。

⑤ 徐宗威：《公权市场》，机械工业出版社2009年版，第21页。

⑥ 红星新闻：《数字中国·成都先行：打造数据要素流通创新样板》，载央广网，http://sc.cnr.cn。

⑦ 王克稳：《行政许可中特许权的物权属性与制度构建研究》，法律出版社2015年版，第255页。

⑧ 王克稳：《行政许可中特许权的物权属性与制度构建研究》，法律出版社2015年版，第77—80页。

或直接关系公共利益领域的经营资格。循此逻辑，可以发现：（1）授权运营显然不属于自然资源特许使用，因为后者中的“自然资源”一般指矿产、森林等有限自然资源，而公共数据具有可复制性和非消耗性，不宜将其列入有限自然资源的范畴；（2）公共数据授权运营不是公共资源特许使用，而应被界定为政府特许经营，这是由于授权运营的着眼点在于“运营”而非“使用”。诚然，授权运营中包含了政府将公共数据的使用权授予给被授权方的内涵，但是授权本身并非目的，而是实现公共数据商业化运营的一种手段，因此将授权运营界定为一种特许经营更能反映其内在特征以及制度目的。

值得探讨的是，公共数据授权运营与传统定义下的基础设施与公用事业特许经营[①]有所不同，应当被定义为一种新型的特许经营，并采用有别于传统领域的方式予以规制。一方面，在我国现行的立法框架中，政府特许经营主要涉及能源、交通运输、水利、环保、市政工程等领域，[②]而授权运营显然不属于上述领域中的任何一种，难以直接适用政府特许经营的专门性法律法规；另一方面，在特许的内容方面，传统的政府特许经营主要涉及电力、天然气等自然资源的开发利用，而授权运营的着眼点则在于特定“公共数据”的开发利用权和商业化运营资格。公共数据作为一种无形的资源，与有限自然资源在性质上存在巨大差异：传统的自然资源具有消耗性，而数据则具有可复制性。这决定了这两种类型的资源在特许经营制度安排上的不同：（1）传统领域的特许经营投资成本高，项目生命周期和投资回收期较长，运营期限也相应较长，而公共数据授权运营的期限则较短。例如，根据《重庆市管道天然气特许经营管理办法》，天然气特许经营期限最长不超过30年；而《浙江省公共数据授权运营管理办法（试行）》则将授权运营协议的有效期限定为3年。（2）在运营的监管方面，鉴于公共数据的敏感性，授权主体除了确保被授权主体能够按时、按量向社会提供公共产品外，还要对其是否履行数据安全保障义务进行定期和不定期的监测和评估。

（三）开展公共数据授权运营的路径设计

1. 公共数据授权运营或可采用有偿方式

授权运营究竟采用有偿还是无偿方式进行，目前还没有明确规定，但采用有偿方式开展授权运营具有一定法理基础，即受益者负担原则。所谓受益者负担原则，通俗来讲，即谁得到了好处，谁就得付钱。具体到公共数据授权运营这个场景，公共数据的产生、收集无不依靠政府的财政支出，而政府财政实际上来自全体公民，所有人理论上都有权无条件去使用和开发公共数据，但这样做不安全、不经济、不现实，所以只能授权给一部分人去开发利用。这些人获得了收益，需要负担一部分公共数据的成本，以达到个人利益和公共利益的平衡。

---

① 我国现有的从国家层面调整政府特许经营的规范性法律文件有2015年由发改委等六部委颁布的《基础设施和公用事业特许经营管理办法》和2015年修正的《市政公用事业特许经营管理办法》，参见段柳为、吴娘镇：《政府实施特许经营的合法性边界和范围》，载《中国司法》2020年第5期。

② 《基础设施和公用事业特许经营管理办法》第2条规定：中华人民共和国境内的能源、交通运输、水利、环境保护、市政工程等基础设施和公用事业领域的特许经营活动，适用本办法。

2. 采用统一授权运营模式

统一授权运营，是指统一由政府或专门成立的公共数据管理部门授权。譬如，《上海市数据条例》就规定，是否授权及授权单位的确定均由上海市政府办公厅决定。如果将授权的权力交由各部门行使，一方面不利于跨部门、跨行业间的数据融合应用，另一方面也可能使得各部门将数据视为自己的财产，根本上阻碍了授权运营的顺利开展。

3. 授权数据的范围应不断扩大

有观点认为，可供授权的数据范围主要包括无条件开放的数据和有条件开放的数据，虽然无条件开放的数据数量较少且商业价值不大，公民完全可以通过公共数据开放的方式无偿获取这些数据，但应该将其纳入有偿的公共数据授权运营当中。不过，现阶段，授权运营的公共数据主要是有条件开放的公共数据。随着数据安全技术的提升，会有越来越多的数据成为有条件开放甚至无条件开放的公共数据，可供授权运营的数据范围将不断扩大。

第三节 公共数据安全

一、公共数据的安全责任机制

总体来讲，公共数据的安全管理一般遵循“谁主管谁负责、谁运行谁负责、谁使用谁负责”的安全责任原则。现阶段，我国各省、市大多已在原有政府机构的基础上设立了新的公共数据主管部门。例如，广东省就设立了从县到省的三级公共数据管理机构，并明确由其承担统筹本行政区域内公共数据资源管理工作、对公共管理和服务机构的公共数据管理工作进行监督评估并提出督查督办建议等职能。①而网信、保密、国家安全、密码管理、通信管理、公安、审计、工业、电信、交通、金融、自然资源、卫生健康、教育、科技等部门，则需要负责自己主管领域数据的安全。②违反上述公共数据安全责任，导致公共数据安全事故的，一般由本级人民政府或者上级主管部门责令改正；拒不改正或者情节严重的，由有权机关对直接负责的主管人员和其他直接责任人员依法给予处分；构成犯罪的，依法追究刑事责任。③

二、全生命周期的公共数据安全管理机制

全生命周期的公共数据安全管理机制主要包括公共数据在收集、存储、使用加工、传

① 参见《广东省公共数据管理办法》第6条。

② 参见《广东省公共数据安全管理办法（征求意见稿）》第28条。

③ 参见《广东省公共数据安全管理办法（征求意见稿）》第27、28条。

输、提供、公开等环节的安全。(1)公共数据收集安全。数源部门开展公共数据收集活动时，应当明确收集的目的、范围、用途、渠道等，保证公共数据收集合法、正当，应当采取必要的安全管控措施，确保环境、设施、人员等安全可控。(2)公共数据存储安全。一方面，开展公共数据存储活动时，应当根据需要采取脱敏、加密、校验等措施，保障公共数据的存储安全；另一方面，针对重要数据和核心数据，应当建立数据容灾备份及恢复机制。(3)公共数据使用加工安全。开展公共数据使用加工活动时，应当在其履行法定职责的范围内依照法律、法规、规章规定的条件和程序使用加工数据，应当采取管控措施确保数据使用加工合规，过程安全可控、可溯源。使用加工重要数据和核心数据的，还应当加强访问控制，建立登记、审批机制并留存记录。(4)公共数据传输安全。开展公共数据传输活动时，应当根据传输的数据类型、级别和应用场景，制定安全策略并采取保护措施。公共管理和服务机构原则上应当通过各地搭建的公共数据平台传输公共数据，数据传输应当采取校验技术、密码技术、安全传输通道等措施，保障公共数据传输过程可信、可控。因特殊情况不通过公共数据平台传输公共数据的，应当采取必要安全技术措施保障数据传输安全。(5)公共数据提供安全。用数单位应当明确告知数源部门提供数据的范围、使用方式、时限、用途以及相应的安全保护措施、违约责任等。数源部门有权对用数单位的数据安全保护能力进行核实，必要时与用数单位签订单独的数据安全协议。(6)公共数据公开安全。公共数据公开前应当开展数据安全风险评估，明确公开数据的内容与种类、公开方式、公开范围、安全保障措施、可能的风险与影响范围等。涉及敏感个人信息、商业秘密信息的，以及可能对公共利益或者国家安全产生重大影响的，不得公开，法律、法规、规章另有规定的除外。

三、分类分级的公共数据安全管理机制

为保障公共数据开放中的公共数据安全，我国采用了基于分类分级的公共数据安全管理机制。

首先，公共数据按照开放属性可大致分为无条件开放、受限开放和禁止开放数据。根据《浙江省公共数据条例》第30条的规定，以下五种类型的公共数据属于禁止开放的公共数据：(1)开放后危及或者可能危及国家安全的；(2)开放后可能损害公共利益的；(3)涉及个人信息、商业秘密或者保密商务信息的；(4)数据获取协议约定不得开放的；(5)法律、法规规定不得开放的。对于涉及个人信息、商业秘密或者保密商务信息的公共数据，有下列情形之一，可以列入受限开放或者无条件开放数据：(1)涉及个人信息的公共数据经匿名化处理的；(2)涉及商业秘密、保密商务信息的公共数据经脱敏、脱密处理的；(3)涉及个人信息、商业秘密、保密商务信息的公共数据指向的特定自然人、法人或者非法人组织依法授权同意开放的。可以发现，公共数据的开放属性并非一成不变，政府应当按照有关规定对其收集、产生的公共数据进行评估，科学合理确定开放属性，并定期更新。

对于无条件开放的公共数据，自然人、法人或者非法人组织可以通过统一的公共数据

开放通道获取；[①]需要获取受限开放的公共数据的，应当具备相应的数据存储、处理和安全保护能力，并通过统一的公共数据开放通道向公共数据主管部门提出申请，公共数据主管部门应当会同数据提供单位审核后确定是否同意开放。经审核同意开放公共数据的，申请人应当与公共数据主管部门签订数据开放利用协议，并签署安全承诺书。申请人应当按照开放利用协议约定的范围使用公共数据，并按照开放利用协议和安全承诺书采取安全保障措施。[②]

其次，公共数据还可以分为一般数据和重要数据。根据《广东省公共数据安全管理办法（征求意见稿）》第10条的规定，公共管理和服务机构应当按照分类分级规则，建立健全本机构公共数据分类分级管理制度，采取数据安全防护措施，对重要数据进行重点保护，对核心数据在重要数据保护基础上实施更严格的管理和保护。不同级别数据同时被处理且难以分别采取保护措施的，应当按照其中级别最高的要求实施保护。

思考题

1. 简述公共数据的具体类型。
2. 论述公共数据授权运营的主要实践路径及其区别。
3. 简述公共数据分类分级的标准。

▶ 拓展阅读

① 参见《浙江省公共数据条例》第32条。

② 参见《浙江省公共数据条例》第33条。

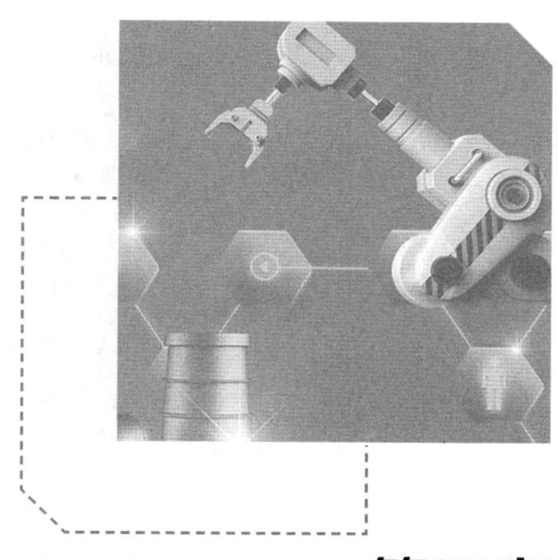

第四章
数据交易制度

进入数字时代，数据作为一种新型生产要素迸发出前所未有的价值和潜力。在数字化技术应用背景下，不仅数据流通量急剧增加，数字经济规模也得到空前增长。根据预测，到2025年，全球数据驱动的决策市场将达到2.5万亿美元。[①]其中，数据交易流通机制的构建是数字产业的关键环节，也最能体现数据要素市场的基础性配置作用。2015年8月，国务院印发的《促进大数据发展行动纲要》就明确指出，引导培育大数据交易市场，开展面向应用的数据交易市场试点，探索开展大数据衍生产品交易，促进数据资源流动。2021年12月，国务院印发《“十四五”数字经济发展规划》，指出要在2025年初步建立数据要素市场体系。2022年4月，中共中央、国务院发布《关于加快建设全国统一大市场的意见》，提出要加快培育全国统一的数据要素市场，建立健全数据安全、权利保护、跨境传输管理、交易流通、开放共享、安全认证等基础制度和标准规范，推动数据资源开发利用。2022年12月，中共中央、国务院发布《关于构建数据基础制度更好发挥数据要素作用的意见》，提出要建立合规高效的数据要素流通和交易制度，建设规范的数据交易市场。《数据安全法》也以法律形式明确要求建立健全数据交易管理制度。深圳经济特区、上海市、重庆市、浙江省等也相继出台数据方面的地方性法规，鼓励组建数据交易所，促进数字产业发展和数据交易活动。虽然有上述一系列政策和法律法规的支持，但我国数据交易市场的发展目前仍处于初期阶段，数据资源存在不同程度的垄断和封闭，数据交易规则缺失、数据标准化程度低、场内交易吸引力不足、数据质量不高、数据资产定价困难、数据交易体量偏小、数据交易基础设施建设不够成熟等问题很大程度上制约了我国数据交易市场的发展。本章将重点介绍数据交易发展实践、数据交易立法现状、数据交易市场问题和数据交易法律关系等。[②]

第一节 数据交易的发展实践

一、国内概况

在相关政策的支持下，我国各地掀起了数据交易平台的建设热潮。2014年，作为全国首个大数据交易平台，中关村数海大数据交易平台启动。2015年，在贵州省政府批准成立贵阳大数据交易所后，全国各地先后成立了20多家数据交易所或交易中心，如武汉东湖大数据交易中心、上海数据交易中心。然而，由于缺乏数据交易立法、数据资产评估体系以及统一的交易定价体系等，这一时期国内数据交易的运营状况不容乐观，普遍存在交易量低、质量低、层次低、风险高问题，资金投入不足、专业人才不够以及欠缺管理经验等问

① The age of analytics：Competing in a data-driven world，https://www.mckinsey.com/.

② 本章系国家社科基金项目“数据交易领域公共法律服务现代化体系研究”（项目批准号：23BFX046）成果。

题，也在一定程度上阻滞了数据交易平台的发展。[①]随着数据要素市场的进一步发展，2020年之后，山西、北京、上海、深圳、广州等地纷纷成立了新一批数据交易所，数据交易平台建设得到加速和规范发展。截至2023年6月，全国由地方政府发起、主导或批复的数据交易所已经超过40家。

我国数据交易平台根据成立部门不同，可分为政府主导类数据交易平台、产业联盟类数据交易平台以及商业类数据交易平台三类。（1）政府主导类数据交易平台，如贵阳大数据交易所、北京国际大数据交易所、上海数据交易所、陕西西咸新区大数据交易所、武汉东湖大数据交易中心等。以贵阳大数据交易所为例，其采用会员制，即只有取得交易资质的会员才有资格在该交易所进行交易。数据交易通过线上交易系统进行，并定期对数据供需双方进行资格评估认定。除了数据交易外，交易所还提供数据清洗、建模、分析服务，协助数据供应方提炼数据价值，变成可供交易的数据资产。数据需求方可以直接向交易所提出购买需求，交易所整合数据供应方的数据资源以满足需求方要求。需要说明的是，由数据交易平台提供的数据交易第三方市场，其本身不存储和分析数据，仅对数据进行必要的实时脱敏、清洗、审核和安全测试。同时，作为交易渠道，数据交易平台通过API接口形式为各类用户提供出售、购买数据的使用权服务，实现交易流程管理。在收费方式上，数据交易平台通常按照双方交易合同金额的一定比例收取交易佣金。（2）产业联盟类数据交易平台，以中关村大数据交易产业联盟最为典型，其本身并不存储和分析数据，仅作为中立的第三方数据交易平台参与数据交易过程。（3）商业类数据交易平台数量较多，但普遍规模不大，数据堂、中关村数海大数据交易平台、聚合数据、华中大数据交易所等都属此类。以数据堂为例，作为商业化的数据平台，其主要根据数据市场需求，运用爬虫、众包等途径收集数据并经过整理、分析后出售，或者与其他数据持有人合作，通过对数据的整合、编辑、清洗、脱敏等形成数据产品后出售。

从各地数据交易平台的经营实践来看，主要有两种交易模式：（1）数据撮合交易模式，又称集市型数据交易模式。该种模式中，数据交易平台仅作为数据供需方的交易中介，不对交易数据进行采集、存储、深度加工和处理，如中关村数海大数据交易平台、华中大数据交易所等。（2）综合性数据服务模式。该种模式中，数据交易平台不仅作为中介机构提供撮合服务，还根据不同客户需求，围绕大数据基础资源进行清洗、分析、加工等，根据客户需求形成定制化数据产品，如贵阳大数据交易所、武汉东湖大数据交易中心等。

国内数据交易平台的数据来源也较为广泛，贵阳大数据交易所、陕西西咸新区大数据交易所等综合数据服务平台主要涵盖政府公开数据、网页爬取数据、数据供应方及合作伙伴提供的数据等。数据交易产品的类型主要包括API、数据包（涵盖地理数据、政府数据、金融数据、社交软件数据等）、云服务、解决方案、数据定制服务以及数据产品等。[②]

与此同时，从事数据交易的专业机构及制度也在建设过程中。2021年7月，广东省率

① 陈戈：《建数据交易所切勿“一哄而上”》，载《中国信息界》2022年第2期。

② 王卫、张梦君、王晶：《国内外大数据交易平台调研分析》，载《情报杂志》2018年第11期。

先制定《广东省数据要素市场化配置改革行动方案》，首次提出建立数据经纪人制度，旨在鼓励设立数据经纪机构，开展数据要素市场流通中介服务。同年12月，海珠区作为广州市唯一的省级数据经纪人试点区，在全国首次出台了《广州市海珠区数据经纪人试点工作方案》，开展数据经纪人制度的探索。关于各地主要数据交易所的比较，详见表4–1。

表4–1　各地主要数据交易所比较

交易所	股权	活跃度	主要特点
贵阳大数据交易所（2015年成立，2019年改组）	全部国资	数据交易主体374家，数据产品总数493个，数据交易总数106笔、交易总额为1.5956亿元	（1）采用区块链技术、联邦学习技术、多方安全计算技术，实现原始数据“可用不可见”、数据产品“可控可计量”、流通行为“可信可追溯”；（2）发布内部交易规则体系，指导交易行为的规范化；（3）授权符合条件的企业运营政府数据，通过交易所实行数据交易；（4）引进、培养数据商，采取多元手段吸引其入场交易，并为其提供资产评估、合规审查、安全审查等服务
北京国际大数据交易所（2022年4月成立）	以国有资本为主，引进专业机构共建	数据交易主体333家，入驻平台及引入各类数据产品1253个，数据交易调用7.73亿笔	（1）成立数据资产登记中心；（2）创建以隐私计算、区块链及智能合约技术、数据确权标识技术、测试沙盒技术为支撑的数据交易系统；（3）建立线上线下一体化的“数据跨境服务站”
上海数据交易所（2021年11月成立）	以国有资本为主，引入民间资本	首批签约数商为100家	（1）建立全新的数商体系，构建数商业态，即培育数据经纪、合规审查、资产评估、数据交付等配套能力；（2）确立“不合规不挂牌、无场景不交易”的基本原则；（3）发布新交易系统，保障交易全天挂牌、全域交易、全程可溯；（4）发布数据产品登记凭证，做到一数一码，可登记、可统计、可普查
广州数据交易所（2022年9月成立）	国资主导	进场交易标的超200个，首日交易总额超1.55亿元	（1）确立“无场景不登记、无登记不交易、无合规不上架”的基本原则；（2）成立数据合规委员会，建立合规会审机制，确保数据资产合规登记的权威性

二、域外概况

数据提供方、数据中介机构以及数据用户构成数据交易的主体。按照所服务的目标客户不同，域外数据交易服务机构主要分为三种类型，即数据提供商、数据交易平台和数据管理系统。

（一）数据提供商

数据提供商在整个数据流通和交易中居于突出地位，涵盖数据产品提供者和数据服务提供者两种类型。数据产品提供者将其持有的数据（包括原始数据和衍生数据）销售给数据消费者，但不会向其披露数据的来源，数据的所有者及其合作机构的相关信息都会在销售数据产品时加以隐藏。数据服务提供者是指根据其持有或从其他渠道收集的数据，向最终用户提供数据服务。例如，Clearview AI公司基于从互联网等渠道公开获取的人物照片为客户提供数据识别服务；Factual公司则是一家基于人的行踪活动提供市场营销洞察服务的公司。

数据提供商收集来自公共网络、合作伙伴或从其他数据提供商处购买的数据，以丰富其数据产品，并通过一定技术手段对上述数据进行分析和挖掘，增加数据产品的价值，以数据经纪人最为典型。数据经纪人，即专门收集并出售消费者个人数据的企业。美国联邦贸易委员会将数据经纪人定义为“从各种渠道收集消费者个人信息，并基于个人身份验证、区分记录、推销产品、防止金融欺诈等目的向其客户出售这些信息的企业”[①]。美国在20世纪初就有了数据经纪人行业，Acxiom、Oracle、Datalogix、eBureau、Experian、ID Analytics、Intelius、PeekYou、Rapleaf、Recorded Future等都是数据经纪人的典型代表。数据经纪人收集和存储的数据几乎涵盖美国所有消费者及其家庭生活、商业交易活动等各个方面。美国联邦贸易委员会于2012年年底对数据经纪人行业的调研报告显示，在被选取的9家代表性数据经纪人中，其中一家数据经纪人的数据库存储了14亿个消费者交易数据和超过7 000亿个聚合数据；另一家数据经纪人的数据库涵盖了超过1万亿美元的消费者交易数据；还有一家数据经纪人每月向其数据库增加30亿条新纪录，几乎涉及美国每个消费者。[②]

从服务对象及业务类型来看，数据经纪人可分为以下四类：（1）公共信息的提供者，如政府机构、专业组织等。联邦和州政府机构，以及大多数的专业组织，是第一方数据经纪人，如州选民登记部门、财产契约机构、税务机构、法院、社会安全局等。LexisNexis和Experian是两个最大的公共记录汇总机构，也有一些较小型的经纪公司专注于汇集特定类型如财产记录、结婚及离婚记录等公共信息。（2）消费者报告机构（Consumer Reporting Agencies，CRAs），提供背景筛选服务。消费者报告机构以消费者报告的形式提供数据，主要用于确定信贷、就业、保险和住房的资格等。美国主要的三大消费者报告机构是Experian、Equifax和TransUnion。（3）降低风险服务者，如身份验证及反欺诈服务。信用局以及Acxiom和Thomson Reuters是降低风险服务领域最大的第三方供应商。（4）营销数据经纪人。此类数据经纪人专注于为在线、移动和电视广告提供数据，涵盖个人和家庭可识别信息（如姓名、地址、电话和电子邮件）、人口信息（如年龄或出生日期、教育和种族）、家庭特征（如配偶信息和人口信息、孩子数量及大致年龄、家庭居住人数）、一般财

① Federal Trade Commission，“Protecting Consumer Privacy in an Era of Rapid Change”，March 2012.

② Federal Trade Commission，“Data Brokers：A Call for Transparency and Accountability”，May 2014.

务信息（如家庭收入和预估的净资产范围）、兴趣（如是否喜欢烹饪、阅读、旅游）、生活方式（如汽车的类型），以及主要生活事件（如最近是否结婚、离婚，是否有孩子，是否买新房子）。[①]

数据经纪人的数据来源主要有：（1）公共记录。公共记录是所有类型的数据经纪人的常见数据来源。政府行为、许可证和注册信息、电话簿、机动车记录、驾驶执照记录、不动产记录、评估员信息、法院诉讼、选民登记记录、出生和死亡记录等都是公开可查询的公共记录。（2）公开来源信息。一些专业网站、新闻媒体网站、社交媒体网站、个人在互联网上发布的信息等，根据权限可以访问或爬取。（3）商业来源信息。数据经纪人可以从商业机构购买个人数据。例如，从零售商和目录公司获得关于消费者购买的类型、金额、使用的支付方式等详细的交易数据。（4）其他数据经纪人提供的数据。其他数据经纪人提供的数据是重要的数据来源，能够为数据购买者提供一站式服务。（5）衍生数据。数据经纪人也会从统计学的角度创建数据，使用部分或全部数据源开展建模活动。其中，直接建模的数据就是通过对大量的数据元素进行统计分析，从而确定其中哪些元素可以预测所需的结果，如预测一项交易可能是欺诈性的，或为营销评估一个家庭的财务能力。

（二）数据交易平台

数据交易平台在国外出现相对较早，Factual、Info Chimps等都是21世纪初开始运营的，目前代表性企业有BDEX、windows Azure Marketplace等。数据交易平台作为数据交易中介机构，帮助、撮合数据供需双方的数据交易，旨在构建、管理数据供需双方的集中交易市场。数据交易平台通常提供数据分类、数据策划和管理元数据等服务，帮助数据需方发现相关的数据产品和服务。数据产品提供者和数据服务提供者也常常会通过此类平台进行交易。大部分的数据交易平台可以交易各种类型的数据，如AWS、Advaneo和Data Rade。但也有少数数据交易平台专注于汽车、能源等具体行业或者特定数据类型，如专门为物联网传感器数据提供数据交易平台的美国公司Terbine。

需要注意的是，从域外数据交易市场的发展趋势看，“集市型”的数据交易平台形态逐渐弱化，不再推崇综合性、集中化的数据交易活动。例如，Factual公司从提供全范围数据的数据交易平台转为专注于提供地理位置数据集的平台；Info Chimps公司在地理位置、社交网络等方面更为专业，逐渐转型为PaaS平台。[②]事实上，失败的数据交易平台的例子也有很多，如Windows Azure Marketplace在连续7年表现不佳后，于2017年3月关闭。究其原因，可以发现，数据种类越多，对数据汇集、清洗、分析、挖掘、处理等方面的专业化要求越高，“集市型”的数据交易平台难以对所有数据都进行深度的价值提升。相较而言，数据类型越单一、应用场景越聚焦，技术和业务模式将更加成熟，其数据产品或服务才有可能实现规模化、标准化的生产、加工和交易。

① GAO，“Information Resellers：Consumer Privacy Framework Needs to Reflect Changes in Technology and the Marketplace”，September 2013.

② 杨琪、龚南宁：《我国大数据交易的主要问题及建议》，载《大数据》2015年第2期。

数据交易平台的收费方式也各有不同。有的平台会邀请数据供方及需方免费订阅，而对订阅的增值部分进行收费；有些平台则对每次数据交易活动收取一定比例的费用，或者对数据买方收取一次性下载或访问数据集的费用。而一些小众的专业性数据交易平台则更多选择基于数据数量或使用量的API收费，并根据数据买方身份制定不同的收费价格。在数据交易的支付方式上，既可用法定货币支付，也可通过数据交易平台创建和控制的加密货币支付。[①]例如，基于以太坊的数据交易平台Ocean Protocol上的支付方式就是该平台发布的OCEAN代币。而且，目前越来越多的数据交易采用加密货币而不是法定货币的支付方式，就是为了避免金融机构造成的额外支付延迟，从而加快实现数据的实时交易。

（三）数据管理系统

数据管理系统专注于管理企业和个人拥有的信息，旨在收集、组织、存储、加工其组织内部的信息或个人数据，构建组织内安全的数据共享和交换体系。这种嵌入式的私有数据市场能够快速为用户提供和找到适合其目的的有用数据。域外具有代表性的数据管理系统有Snow flake、Cognite等。不同于数据交易平台，数据管理系统仅限于保障组织内的数据交换，对每个客户所控制的信息进行数据资产的交付和访问。其中，一些企业的数据管理系统，对数据访问及交付收取手续费，或者向数据买家收取订阅费。

针对个人信息的数据管理系统，可以帮助个人行使知情、访问、更正、删除等数据权利，有效管理和控制其个人信息。个人信息数据管理系统类似用户自己的专属数据经纪人，凭借其管理和专业知识帮助用户实现其个人数据的经济价值，并控制谁有权访问数据以及基于什么目的访问数据。例如，专注于医疗领域的Health Wizz以及Medical Chain就是专门管理用户个人医疗健康信息的数据管理系统。与前述的数据交易平台不同，大部分的数据管理系统都是去中心化的，他们利用用户设备来存储信息。同时，为了吸引用户将自己的个人信息交给个人信息数据管理系统来管理，其为个人数据主体免费提供服务。部分个人信息数据管理系统会征求个人用户同意，通过向有访问需求的第三方收取一次性费用、订阅费或数据交付费等方式获得收益。大部分的个人信息数据管理系统都包含市场功能，专注于交易个人数据以达到营销目的。

此外，日本还创造性地建立了功能类似个人信息数据管理系统的“情报银行”交易模式，即通过与个人签订协议获得授权并对其个人数据进行管理，根据个人指示或者预先约定的条件向第三方提供数据，使用户个人直接或间接获得利益。在情报银行的交易模式下，消费者个人有权自己决定个人数据的流通，提高了个人对数据的控制力，有效提升了个人数据的使用效率。根据数据流通形态不同，日本情报银行可分为三种类型：（1）数据存储型，即消费者收集和管理自己的个人信息，不向第三方提供。（2）数据销售型，即在消费者同意的基础上，将收集到的个人数据销售给数据利用企业，收益以优惠券的形式返还给消费者，企业再将这些数据应用到营销和产品开发中去。（3）中介服务型，即数据利用企

① Santiago Andrés Azcoitia，Nikolaos Laoutaris，“A Survey of Data Marketplaces and Their Business Models”，January 2022.

业通过分析个人数据，向消费者提供定制型服务，特别是医疗数据、位置数据等敏感个人信息，消费者更能体验到个性化的定制服务。相应地，情报银行应当对个人数据进行日常的维护和管理，遵守日本《个人信息保护法》的相关义务，对个人信息采取安全管理措施，妥善落实注意义务，公布隐私政策内容，进行个人信息的管理和利用。如果发生信息泄露等情况，应当按照法律要求向个人信息保护委员会报告，并通知用户个人。需要注意的是，并不是所有的个人数据均可以通过数据银行进行交易，如涉及生物识别信息、医疗健康信息的个人数据，除了取得本人明确授权和同意外，还要求购买方出具承诺书，明确数据的使用目的和用途。接收个人信息的第三方机构给用户个人造成损害后果的，情报银行亦应根据第三方机构的过错情况承担相应损害赔偿责任。

第二节 数据交易立法概述

一、国内立法

我国《数据安全法》第19条首次以法律形式提出“国家建立健全数据交易管理制度，规范数据交易行为，培育数据交易市场”，这为各地方立法在构建具体的数据交易制度和规则时提供了上位法依据。《上海市数据条例》第四章专设“数据交易”一节，对数据交易服务机构管理制度、数据交易服务环境等作出了规定，明确市场主体可以依法自主定价。不论是《数据安全法》还是地方立法，都重点规定了数据交易中介服务机构的行为规范和义务。《重庆市数据条例》第37条明确规定，数据交易中介服务机构应当建立规范透明、安全可控、可追溯的数据交易服务环境，制定交易服务流程、内部管理制度以及机构自律规则，采取有效措施保护个人隐私、商业秘密，并在提供服务中，遵守下列规定：（1）要求数据提供方说明数据来源；（2）审核数据交易双方的身份；（3）留存相关审核、交易记录；（4）监督数据交易、结算和交付；（5）采取必要技术手段确保数据交易安全；（6）其他法律、法规的规定。《数据安全法》第47条规定了数据交易中介服务机构未履行审核、留存等义务的法律责任。①

此外，各地数据交易平台也纷纷制定自身的数据交易规则或章程，为数据交易活动提供指引。以贵阳大数据交易所为例，2015年5月发布的《贵阳大数据交易所702公约》，不仅将交易所明确定位为实行自律性管理的法人组织，还规定了交易所的交易类型、运营体

---

① 《数据安全法》第47条规定，从事数据交易中介服务的机构未履行该法第33条规定的义务的，由有关主管部门责令改正，没收违法所得，处违法所得1倍以上10倍以下罚款，没有违法所得或者违法所得不足10万元的，处10万元以上100万元以下罚款，并可以责令暂停相关业务、停业整顿、吊销相关业务许可证或者吊销营业执照；对直接负责的主管人员和其他直接责任人员处1万元以上10万元以下罚款。

系、交易定价及交易模式、交易席位会员、数据供应商的资格认定、交易所的功能及职责、交易管理规则等。上海数据交易所也于2022年8月发布了相关规范和指引，如《上海数据交易所数据交易安全规范（试行）》《上海数据交易所数据产品登记规范（试行）》《上海数据交易所数据交易合规管理规范（试行）》《上海数据交易所数商管理规范（试行）》《上海数据交易所数据产品交易结算指引（试行）》《上海数据交易所数据产品交易合规评估指引（试行）》《上海数据交易所数据产品挂牌指引（试行）》等。

二、域外立法

从域外立法来看，数据交易规则及其监管治理同样是立法规制的重点。以欧盟和美国为例，欧盟主张通过建立单一的数字市场激活数据共享和自由流通的渠道；美国则选择了市场导向的治理模式，以最大限度地促进数据交易市场的活力和创新。从域外立法的基本内容看，欧美都没有在立法上明晰数据产权问题，而从数据交易行为和市场治理的角度进行了规范。

（一）欧盟数据立法

欧盟数据立法涵盖所有私营及公共机构对个人数据的处理，数据交易机构作为数据控制者或数据处理者也受到相应的约束和监管。2018年5月25日，欧盟《通用数据保护条例》正式生效，取代了1995年的《个人数据保护指令》，在欧盟成员国创设了相同水准的个人数据保护标准。①欧盟《通用数据保护条例》在赋予个人数据控制权（涵盖知情、访问、更正、限制处理权等）的基础上，对数据控制者及处理者的数据处理活动实行事前控制。在收集数据时，数据控制者必须履行告知义务，说明数据控制者的身份和处理数据的原因，且有具体、清晰和正当的目的，对个人数据的处理不应当违反初始目的。同时，数据处理不得超过必要限度，处理过程中应确保个人数据的安全，采取合理的技术手段、组织措施，避免数据未经授权即被处理或遭到非法处理，避免数据发生意外毁损或灭失。欧盟《通用数据保护条例》还对企业实施事后控制，允许个人访问、监督和纠正个人数据的后期处理，并对数据控制者的数据处理能力提出异议。在《通用数据保护条例》的施行及监管方面，要求各成员国设立专门的数据保护机构，强化监管权力，建立对于个人数据侵权行为的行政及司法救济渠道等。

与此同时，认识到数据的生命力在于流通，为了建设一个规则清晰、内容全面、稳定性强的法律体系，欧盟致力于推动非个人数据在欧盟境内的自由流动，积极促成单一数字经济市场的形成。2018年10月，欧盟《非个人数据自由流动条例》正式通过，力求打破欧盟内部的数字市场壁垒，整合各成员国分散及碎片化的规则，实现欧盟市场内部非个人数据的自由流动，有效降低企业特别是中小企业、初创企业的运营成本，增强其在数字市场中的竞争力。为了实现非个人数据的跨境自由流动，欧盟《非个人数据自由流动条例》明

① 张继红：《大数据时代金融信息的法律保护》，法律出版社2019年版，第112—113页。

确禁止数据本地化，认为数据本地化是欧盟境内提供数据处理服务的明显障碍，要求各成员国确保迅速消除已有的数据本地化措施，除非有公共安全等正当事由。此外，为了增强数据迁移的效率，提升用户选择数据控制者及数据服务市场的能力，《非个人数据自由流动条例》建议制定自律性行为守则，遵循透明度和交互性原则，以结构化且可机读的方式迁移数据，便利专业用户切换数据服务提供者。

作为欧洲数据战略的关键支柱，欧盟《数据治理法案》于2022年6月正式生效，旨在强化对数据共享的信任，提高数据的可用性，并克服数据再次利用的技术障碍。欧盟《数据治理法案》通过四大措施促进可信数据共享体系的发展，以数据利他主义为导向，通过数据中介机构打破数据壁垒，鼓励和支持在卫生、环境、能源、农业、金融、制造、公共管理等领域建立和发展欧洲共同数据空间，由此促进欧洲市场的数据共享与流通。《数据治理法案》为数据中介服务机构设定了一整套规则，要求数据中介服务机构作为连接数据持有者与数据用户的中立第三方，必须严格遵守要求以确保这种中立性。这也意味着，数据中介服务与其他商业服务活动必须进行结构性分离，以提升数据市场主体的信任度。

（二）美国数据立法

从整体上看，美国对数据交易持放松监管态度，更加重视市场创新，无论是个人数据还是企业数据、政府数据，原则上都可以进行交易。与欧盟设置高强度的个人数据保护标准不同，美国更关注数据的利用和流通，强化数据处理的透明度原则，这一点在《数据经纪人问责制和透明度法案》《数据问责和信任法案》中都有所体现。

联邦层面，美国目前尚无专门规制数据交易活动的统一立法，但已经有了数据经纪人、消费者隐私保护方面的立法草案。

针对数据行业透明度低、消费者隐私权缺位、潜在歧视风险存在等问题，早在2014年，参议员杰伊·洛克菲勒（John D. Rockefeller）和埃德·马基（Ed Markey）就提出了《数据经纪人问责和透明度法案》，后于2015年由美国国会第114次会议进行审议并形成草案。之后，该法案于2017年、2020年再度提交参议院，但受到数据经纪人行业的游说和反对，至今还未获得投票。《数据经纪人问责和透明度法案》要求针对收集和出售有关消费者个人数据的数据经纪人，建立问责制并增加其经纪行为的透明度。具体而言，一是赋予消费者访问和更正权，以在最大范围内确保数据经纪人收集、汇编、维护的个人信息的准确性，并允许消费者要求数据经纪人停止基于市场营销目的使用、分享或出售个人数据。二是数据经纪人不得采用伪造、假冒、遗失、盗用或者以包含虚假、虚构、欺诈性的陈述等欺诈方式取得个人信息或其他信息。三是明确了该法案的执法机构为联邦贸易委员会，任何违反该法案的行为都被视为不公平或欺骗性行为，将采取相应的处罚措施。

2019年2月，《数据问责和信任法案》提交给美国众议院，要求所涉及的实体应当采取以下安全措施：提供关于个人信息的收集、使用、出售、传播和维护的书面安全政策；确定信息安全管理的负责人；识别和评估系统中任何合理可预见的漏洞，定期监控任何此类系统的安全漏洞；采取预防和纠正措施，以减轻系统中发现的任何漏洞，如对网络或操作软件的体系结构、安装或实施进行任何更改；定期测试或以其他方式监测保障措施的关键控制、系统和程序的有效性；通过粉碎、永久删除或以其他方式修改载有个人信息的数据，使此类个人信息永久不可读或无法破译；采取合理步骤，要求所有相关人员实施和维持适当保障措施。该法案还对信息经纪人（information brokers）的义务作了特殊规定：一是向联邦贸易委员会提交每项安全政策；二是联邦贸易委员会可以对提供通知的任何信息经纪人的信息安全措施进行审计；三是个人信息保密性和访问要求，即每个信息经纪人应建立合理的程序，以最大限度地确保其所收集、汇编或维护的个人信息的准确性，但仅识别个人姓名或地址的信息除外。同时，确保消费者能够便捷地访问并查询信息经纪人所维护的该个人的任何相关信息；当个人对其信息的准确性提出异议时，信息经纪人应及时作出响应。

2019年2月，美国参议院二读了《数字责任和透明度促进隐私法案》，要求每年收集、处理、存储或披露3 000个及以上与个人或设备相关的数据的组织或个人，必须发布简明扼要、易于理解、准确、及时更新的隐私政策。在适当情况下，应使用可视化效果突出显示通知内容，通知应包括对相关实体收集、处理和披露个人数据的描述，收集与处理该数据的目的和方式，等等。一般情形下，对于相关实体收集、处理其个人数据的活动，用户可以选择退出（Opt-out）；但在收集或披露敏感个人数据时，或者超出提供、改进或营销个人要求的商品或服务所需的范围时，需获得个人肯定性的、选择加入（Opt-in）的同意。《数据责任和透明度促进隐私法案》还要求所涉实体须满足联邦贸易委员会规定的数据最小化要求，包括采取合理措施，将收集、处理、储存和披露的个人信息数量限制在必要范围内；仅在实现收集数据目的的合理必要情形下存储数据。该法案对于所涉实体的组织保障方面也提出了明确要求，即对于上一年收入超过2 500万美元的所涉实体应当至少指定1名具有资质的雇员担任隐私官，确保其内部的隐私合规。

2021年6月，美国参议院二读《数据经纪人清单法案》，并提交商业、科技和交通委员会审议。该法案对数据经纪人取得、使用、保护个人信息等行为进行了规范，并规定数据经纪人每年需向联邦贸易委员会进行注册，联邦贸易委员会可将违反相关要求的行为视为不公平或欺骗性的商业行为。具体而言，数据经纪人不得采用欺诈手段获取用户个人信息，不能将用户个人信息用于非法目的如身份盗用、非法歧视等。如果数据经纪人有理由知道第三方将从事非法活动，则禁止其出售个人信息给该第三方。数据经纪人还需实施数据保护措施，采取数据安全计划防止用户个人信息被泄露或不当披露等。

2022年6月，美国参议院和众议院联合发布《美国数据隐私和保护法案》，成为第一个获得两党两院支持的美国联邦隐私保护提案。《美国数据隐私和保护法案》赋予消费者包括访问、更正、删除等在内的个人数据权利；要求相关实体将个人数据的收集、处理、传输等活动限制在提供产品或服务以及其他特定情况的合理必要范围内，禁止相关实体在未经本人明确同意的情况下转移其个人数据；要求相关实体必须实施安全措施来保护个人数据免受未经授权的访问。该法案还为17岁以下未成年人的个人数据提供了额外的保护。同时，总收入超过2.5亿美元并处理500万个人数据或20万个人敏感数据的实体，将受到额外的限制和要求，而小企业则可获得相应的豁免。

州立法层面，美国各州对于消费者隐私的保护水平存在一定差异，仅部分州对数据交易行为或数据经纪人作了规范。佛蒙特州于2018年5月通过了《数据经纪人法案》，成为美国第一个对数据经纪人进行专项立法的州，该法案也是美国历史上第一部数据经纪行业专项法案。《数据经纪人法案》加大了对数据经纪人行业的监管：一是数据经纪人每年必须到州政府秘书处进行年度注册，并提供与其实践活动相关的信息，提高数据经纪人行业的整体透明度。二是要求所有的数据经纪人维护一定的数据安全标准，更好地承担数据安全责任。例如，指定一名或多名员工维护数据安全计划，执行风险评估，培训员工并跟踪员工对特定程序和政策的遵守情况，有检测和预防安全系统故障的方法，对违反计划规则的行为制定纪律处分程序，根据需要监督和升级数据安全标准，至少每年或在业务实践中发生可能影响个人数据安全的重大变更时审查安全措施的范围，并记录针对安全漏洞采取的响应措施等。三是加大违法处罚力度。对每次违规行为最高可施以1万美元的罚款。此外，佛蒙特州的消费者还可以就违法行为对数据经纪人提起私人诉讼，寻求禁令救济、损害赔偿等。

美国数据经纪人行业也通过行业自律和企业内部合规实现自我监督和管理。例如，美国直接营销协会发布了商业操守指南，其中就包括处理、保护消费者个人数据的行为指引和建议。[①]具体而言，该指南要求成员向消费者告知有关其个人数据的出租、出售、交换或传输的政策，选择退出营销方式的权利，涉及个人健康信息的特殊要求，等等。又如，作为数字广告行业协会的数字广告联盟，实施“广告选择”计划，允许消费者控制其用于在线行为广告的个人数据。在内部合规方面，美国数据经纪人大多会与数据来源企业签署书面合同，以保证数据来源于政府、公开互联网等正规合法渠道，最大限度地保障数据质量。在日常系统维护中，很多数据经纪公司也会注重安全管理和通过加强身份验证、加密等安全技术手段，来强化数据安全性。例如，Acxiom公司就使用多层安全系统来控制访问权限及安全性，未经授权的个人或企业不得访问相关信息等。

第三节 我国数据交易存在的主要问题及障碍

我国数据交易存在数据权属不明、数据资产定价难、数据交易信任度低的主要问题和障碍，这在很大程度上制约了数据交易市场的进一步发展。

一、数据权属不明

数据交易的前提是数据权属问题。然而，数据与其他生产要素有着明显差别，具有非

① U. S. Senate Commerce Committee，“A Review of the Data Broker Industry：Collection，Use，and Sale of Consumer Data for Marketing Purposes”，December 18，2013.

竞争性、非排他性、非均质性等特征。首先，数据具有非竞争性。一般的自然资源如矿产不能无限再生，且在生产过程中会产生废物及污染，但数据作为一种非竞争性资源，它可以无限开发、被分割或复制，不同的组成部分存储在不同的空间，不断地被分解和重新组合又不被耗尽，还可以多次重复使用，从而使数据总量进一步增加。其次，数据具有非排他性。同一数据可以存在多个权益主体，将数据出售后并不妨碍数据的再次出售，数据持有者仍然可以对数据进行开发利用，完全排除他人使用数据的成本极高。最后，数据具有非均质性。相较于资本、劳动力等传统生产要素具有一定的均质性特征，数据与数据之间的价值含量通常完全不同，同样数据量的视频对不同企业和不同应用场景而言，可能存在巨大的差异性。

针对数据权属问题，理论界从经济学和法学视角进行了深入研讨，存在明显分歧：一种观点支持数据财产化进路，从物权、知识产权等视角进行分析，认为建立新型数据产权制度可以促进市场预期、激励市场主体，解决搭便车、过度使用公共资源等问题；①另一种观点则认为数据作为新型生产要素，无法套用传统财产权制度，数据财产化确权并非解决数据交易问题的良方，应构建合作沟通型的数据交易模式。②

我国立法对于数据权属问题暂无定论。《民法典》第127条规定，法律对数据、网络虚拟财产的保护有规定的，依照其规定。为了进一步保护数据活动各参与主体的权益，《数据安全法》第7条规定，国家保护个人、组织与数据有关的权益。“与数据有关的权益”在部分地方性立法中被进一步解释为“数据财产权益”，明确保护了数据处理者在数据处理活动中合法的数据财产利益。例如，《深圳经济特区数据条例》第4条首次提出，自然人、法人和非法人组织对其合法处理数据形成的数据产品和服务享有法律、行政法规及该条例规定的财产权益。《上海市数据条例》第12条规定，该市依法保护自然人、法人和非法人组织在使用、加工等数据处理活动中形成的法定或者约定的财产权益，以及在数字经济发展中有关数据创新活动取得的合法财产权益。然而，受限于地方性立法权限，上述地方性立法对数据权属问题仍未明确回应，这在一定程度上阻滞了数据交易活动的发展。

2022年12月，中共中央、国务院发布《关于构建数据基础制度更好发挥数据要素作用的意见》，提出建立数据资源持有权、数据加工使用权、数据产品经营权等分置的产权运行机制，回避了数据权属争论，而采用了“持有权”“加工使用权”“经营权”等新型权利概念，但并未进一步明确上述概念的内涵和外延，使得数据权属问题更加扑朔迷离。

① 支持数据财产权代表性观点，如Schwartz Paul M.，“Beyond Lessig's Code for Internet Privacy: Cyberspace Filters, Privacy Control, and Fair Information Practices”，*Wisconsin Law Review*（2000）743；申卫星：《论数据用益权》，载《中国社会科学》2020年第11期；龙卫球：《数据新型财产权构建及其体系研究》，载《政法论坛》2017年第7期。

② 对数据产权进行反思的观点，如Carol M. Rose，“Surprising Commons”，*Brigham Young University Law Review*（2014）1257；梅夏英：《数据的法律属性及其民法定位》，载《中国社会科学》2016年第9期；崔国斌：《大数据有限排他权的基础理论》，载《法学研究》2019年第5期；丁晓东：《数据交易如何破局——数据要素市场中的阿罗信息悖论与法律应对》，载《东方法学》2022年第2期。

二、数据资产定价难

数据交易活动的另一个难题就是数据资产定价问题。数据资产不同于具有稳定物理属性的传统资产，无法通过称量的方式进行估值。数据资产具有可复制性、不确定性、再生性等特征，都影响着其估值与定价。与传统商品以生产成本加合理利润作为定价基础，或者依托劳动价值理论，通过所投入的劳动量多少来衡量资产的价值不同，数据资产的特殊性使其无法直接按照上述方法进行定价。同时，鉴于数据市场具有标准化程度低、透明度低、产品信息不对称问题严重、持有成本高、交易成本高、持有收益不确定等特点，数据交易市场与传统交易市场亦存在很大不同，市场法定价方法也很难在数据交易活动中简单套用。[①]数据资产定价难主要有以下原因。

一是数据资产不确定性强。数据资产价值受数据质量、时效性、具体应用场景等多方面因素影响。[②]当数据质量较低，如存在数据噪音和杂质时，数据资产的价值就不高。数据资产的时效性较强，最新数据的价值含量远超陈旧数据，并且随着时间的推移，过期的数据价值会不断降低，直至最后失去价值属性。数据价值还受到不同应用场景的影响，如司机驾驶行为数据相对于公司招聘员工而言，对保险公司确定保险费率的价值更高。此外，同一数据资产，对于基于不同使用目的以及具有不同处理能力的数据购买者而言，其价值的差异性也较大。换言之，数据资产价值会根据数据使用者的不同需求而存在不确定性，这也体现出数据利用方面的多样性。

二是数据资产可复制性强。数据资产的复制和分享成本几乎为零，也就是说，只要有数据购买方，数据资产就可以不断复制、交易、使用和加工，次数可以趋向无限次，且不影响和损耗其本身的价值。从本质上看，数据交易的是数据使用权而非所有权。区别于传统商品交易标的物的转移，数据可以与不同交易方进行多次交易，当数据复制和分享不需要成本时，也就很难防止数据资产的二次使用和交易，从而使原数据供应方的数据资产价格受到市场二次销售的影响和挤压，进而造成数据资产价值定价困难的问题。即使在初次销售时数据供需双方通过合同约定了禁止二次销售，但受限于技术和市场因素，也无法完全杜绝此类行为。

三是数据资产形成各环节的价值难以估量。数据资产创造过程就是数据生产过程，涉及数据的收集、清洗、分析、加工，再结合不同的应用场景，每个环节都会影响最终的数据资产价值，也给其评估定价带来困难。加之，与传统资产的消耗性相比，数据资产呈现出虚拟形态，使用越多数量就越大，经过加工、挖掘过后形成的新的数据产品也将产生更多价值，其价值难以标准化计量且波动较大，无法形成稳定的价格区间，这也使传统的定价体系失去意义。

---

① 例如，交易性金融资产适用市场法估值，有固定成本的产品适用成本法估值，有融资成本和时间成本的产品适用收益现值法估值。参见包晓丽、齐延平：《论数据权益定价规则》，载《华东政法大学学报》2022第3期。

② 陈华、李庆川、翟晨喆：《数据要素的定价流通交易及其安全治理》，载《学术交流》2022年第4期。

三、数据交易信任度低

信任是数据交易的基础，缺少互信会严重挫伤交易双方的积极性。欧盟《关于欧洲企业间数据共享的研究》指出，数据流通的难点在于当事人之间缺乏基本的信任，很难达成数据交易合同。[①]数据交易困难的原因，有观点解释为“阿罗悖论”，即在数据交易前，数据购买方需要了解数据或信息的内容，以确定数据或信息的实际价值；但数据售卖方向购买方详细披露数据时，购买方就等于免费获取了数据或信息。[②]换言之，数据购买方在查验数据时就已经获取了对自己有用的数据信息，购买行为将无从谈起；但如果售卖方不提供有关数据质量的检测和查阅服务，会出现购买方购入无用数据致其利益受损的问题，自然也就无法激励数据的买卖行为。从类别上看，数据属于典型的信用品，其价值依赖于具体场景应用，难以采用事先披露的方式，往往在购买或使用之后才能明确其价值，这就更加需要双方彼此之间的信任才能达成交易。事实上，数据交易的信任难题，不仅出现于初次数据交易环节，还存在于后续多次交易的叠加交易场景中，使得数据交易市场中的信任问题更加突出。

无论场内还是场外交易，我国数据市场都存在信任不足的问题。对于场内交易而言，国内数据交易所大都采用会员制，设置一定的准入门槛，审查数据经营者的资质是否合法，进而选出合法优质的入场者。由于交易活动在第三方平台上进行，对其合规合法性以及透明度的要求会更为严格，交易主体的监管压力较之场外会更大。而大型数据处理型企业往往都拥有自己专属的数据来源渠道和供应商，其所控制或持有的数据也会与集团内部的子公司、关联企业或其他合作企业进行共享和流通，并不倚重场内交易获取数据。同时，数据黑市产业链庞大且交易成本低，很多数据买卖双方都不愿意来交易所交易。黑市交易活动主要对象为敏感个人信息或其他高价值的重要数据，尽管可能涉及非法交易，但行为的隐蔽性和巨额的利益诱惑导致此类交易泛滥且屡禁不止，不断挤压场内的数据交易活动。加之，我国数据要素市场建设尚不健全，交易规则尚不完善，过半数已经设立的数据交易平台交易量不大，高质量的交易数据和产品明显不足，交易各方可信的评价体系缺乏，亦未建立完善的交易信任机制，如果不能提供更优质的交易服务环境，则很难吸引数据市场主体开展场内交易。对于场外交易而言，同样存在数据交易的信任问题。我国《数据安全法》《个人信息保护法》对于重要数据、个人信息都作了较为严格的保护性规定，数据处理者面临较重的合规义务，数据的场外交易存在很大的不确定性。不同于建立规范化、流程化管理制度的场内交易，场外交易更加倚重交易双方的信任，在缺乏第三方监管和信任背书的情形下，单靠一方的诚信很难达成交易协议，还有可能涉嫌数据买卖违法违规，交易风险会更大。

---

① European Commission，“Study on Data Sharing between Companies in Europe”，April 4，2018.

② 丁晓东：《数据交易如何破局——数据要素市场中的阿罗信息悖论与法律应对》，载《东方法学》2022年第2期。

第四节 数据交易法律关系

目前，数据交易尚没有明确的界定，有学者将其界定为“双方或多方之间对数据控制权的自愿转移与分享”。同时，以转让方是否丧失控制权为标准，又进一步将数据交易分为“数据转让”和“数据分享”。前者指数据控制权转移给另一方享有而自身丧失控制权；后者指一方将数据提供给另一方形成联合控制（即“数据共享”）或彼此独立控制（即“数据再利用”）。[①]

一、数据交易主体

数据供方是指在数据交易中提供数据商品和服务的公民、法人及其他组织。数据需方是指在数据交易中购买和使用数据商品及服务的公民、法人及其他组织。虽然法律法规层面并未对数据供方及需方的资质进行相应的限制，但在数据交易实践中，为了避免个人信息交易可能造成的风险，国内部分交易平台不允许自然人进行数据交易，如贵阳大数据交易所将买卖双方限制为法人，一定程度上限制了自然人参与数据交易的主体资格。

数据交易服务机构，即指为供需双方数据交易提供数据资产、数据合规、数据治理等第三方评估，以及交易撮合、交易代理、专业咨询、数据经纪、数据交付等专业服务的第三方机构。例如，2021年11月挂牌成立的上海数据交易所，全国首发“数商体系”，涵盖数据交易主体、数据合规咨询、质量评估、资产评估、数据交付等多个领域。

二、数据交易客体

对于数据交易客体，目前的地方立法及各交易平台的交易实践大都采用负面清单模式，即明确列出禁止或限制交易的数据。结合国内数据交易平台自律规范以及行业公约等，以下数据通常在禁止交易的负面清单范围内：（1）危害国家安全、公共利益的数据，包括：载有涉及国家秘密的；含有颠覆国家政权、破坏国家统一的；损害国家荣誉和利益的；宣扬恐怖主义、极端主义或者煽动实施恐怖活动、极端主义活动的；煽动民族仇恨、民族歧视，破坏民族团结的；破坏国家宗教政策，宣扬邪教和封建迷信的；散布谣言、扰乱社会秩序、破坏社会稳定的；散布淫秽、色情、赌博、暴力、凶杀、恐怖或者教唆犯罪的；等等。（2）侵犯他人合法权益、个人隐私的数据，如未经其本人同意交易载有敏感个人信息的数据。（3）未经合法权利人授权同意的数据，如擅自交易涉及他人商业秘密的信息。（4）以欺诈、诱骗、误导等方式取得的数据，或者从非法渠道获取的数据等。

实践中，各地数据交易所可以交易的数据范围也存在一定的差异，如中关村数海大数

① 许可：《数据交易流通的三元治理：技术、标准与法律》，载《吉首大学学报（社会科学版）》2022年第1期。

据服务平台的交易对象包括原始数据和经加工后的数字化信息；贵阳大数据交易所、上海数据交易所的交易规则则排除了原始数据，即交易对象必须是对数据进行清洗、加工、处理之后的数据产品或衍生数据。《天津市数据交易管理暂行办法》明确了数据交易对象包括数据商品和数据服务，其中数据商品主要包括用于交易的原始数据和加工处理后的数据衍生产品。

三、数据交易流程

从流程上看，数据交易行为主要包括交易申请、磋商、实施、结束以及争议处理等环节。结合目前数据交易实践，各数据交易方的权利义务通常以合同形式加以约定。以下主要阐释数据交易申请环节和磋商环节。

在数据交易申请环节，数据供方应明确说明交易数据的来源、内容、权属情况和使用范围，提供交易数据的描述信息和样本数据。数据供方应当向数据交易服务机构提供交易数据真实性、来源合法性承诺书以及相关材料。数据需方则应披露数据需求内容及数据用途等，并有能力对交易数据采取安全保护措施。数据交易服务机构应对数据供需方双方披露的信息进行审核，督促双方及时、准确地披露信息。

在数据交易磋商环节，数据供需双方应对交易数据的用途、使用范围、交易方式和使用期限等进行协商和约定，形成交易订单，签订合同，明确数据内容、用途、质量、交易方式、交易金额、交易参与方安全责任、保密条款等内容。交易数据的价格由双方自主确定，数据交易服务机构可引入数据价值评估机构，为数据交易定价提供指导。同时，数据交易服务机构应对交易过程形成完整的交易日志并进行保存。一旦数据交易双方就交易相关事项发生争议，可通过调解、仲裁或诉讼等争议解决机制解决。

四、数据交易定价规则

数据交易的定价问题是促成双方数据交易的核心要素。实践中，地方设立的数据交易平台都支持多元、差异化定价方式，遵循数据交易活动的契约自由原则。基于数据交易平台的交易可采用供方自主定价、买方定价、供需双方协商定价、平台运营方统一智能定价、组织集合竞价等方式定价。如前所述，在不同的使用场景，数据的价值亦会发生变化，同一数据应用于科学研究与应用于商业活动的直接价值存在差异。而买卖双方互相认同的价值交换一定是基于对所交易的数据给双方带来的效益的认同，即买方认为购买的数据或数据产品可以为其带来增值，相应地，卖方也认同所获得的“对价”是公平的。

思考题

1. 数据交易的标的是什么？哪些数据不可以交易？

2. 数据交易主体包括哪些?

3. 我国数据交易存在的主要问题有哪些?

4. 简述美国数据交易制度的主要特点。

▶ 拓展阅读

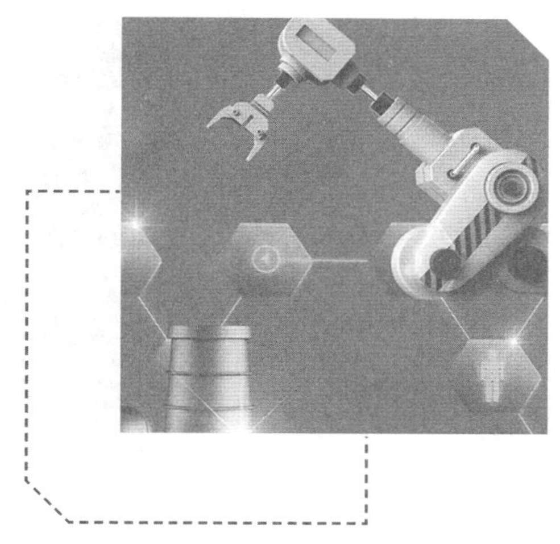

第五章 数据跨境流动

一般而言，数据跨境的法律定义为计算机可识别的数据信息在国际层面进行的跨越国境的流动行为。也就是说，只要是计算机可识别的数据，传输范围跨越了国际法上国家或地区的边境，并最终在域外对传输后的数据执行了存储或处理等行为，就能够定义为数据跨境行为。为应对数据跨境流动在国家安全、个人信息保护、数字服务贸易等领域的挑战，我国提出了数据跨境安全流动的治理理念，积极筹备加入高水平数据跨境国际条约和协定，构建了重要数据出境管理、个人信息跨境提供、司法执法跨境调取数据等制度。本章我们将从数据跨境流动协议开始，为大家介绍数据跨境流动的法律规制与安全审查机制，并重点学习国家数据安全与个人数据跨境传输的法律法规和政策要求。

第一节 数据跨境协议

大数据时代，数据逐渐成为继土地、劳动力、资本、技术之后新的生产要素。通过利用物联网、云计算等现代信息数字化手段，数据控制者能够大量收集、分析和挖掘数据价值，显著提升其他社会生产资料的社会效益。如此重要的生产要素如果作为国际贸易的商品进行跨境流动，则不仅涉及数据跨境贸易的问题，还涉及国家数据安全、公民个人信息的数据保护、数据的司法执法管辖等新问题与挑战。由于数据跨境流动已经成为许多科技巨头企业的常规业务，甚至中小型企业也可以通过互联网平台跨境寻求贸易机会，所以不合理的数据跨境流动规制必然会使得一些企业无法正常开展业务，阻碍国际数字贸易的正常开展与运行。例如，当数据主体在海外电商平台购物，或通过域外平台观看流媒体数字视频时，由于网络平台主体或其提供的数据服务本身存在跨境传输的现象，如果数据跨境流动受到不合理的限制，必然会影响相关企业的运营，也会影响消费者的用户体验。对此，不同国家主体之间通常采取贸易协定的方式约定双方或多边有关数据跨境贸易规则，数据跨境协议这一概念也最早出现于国际贸易协定当中。本节我们将通过介绍包含数据跨境协议的国际贸易协定来阐述数据跨境的基本概念与规则。

一、《跨太平洋伙伴关系协定》

（一）《跨太平洋伙伴关系协定》发展历程

《跨太平洋伙伴关系协定》（Trans-Pacific Partnership Agreement，TPP）起源于区域自由贸易协定，即由亚太经合组织（Asia-Pacific Economic Cooperation，APEC）成员国新西兰、新加坡、文莱、智利四国从2002开始酝酿并于2005年共同签署的《跨太平洋战略经济伙伴关系协定》（Trans-Pacific Strategic Economic Partnership Agreement,TPSEP）。[①]《跨太平洋战略

① 吴涧生等:《跨太平洋伙伴关系协定（TPP）：趋势、影响及战略对策》，载《国际经济评论》2014年第1期。

经济伙伴关系协定》虽然规模较小且核心内容集中在国际贸易中的关税减免问题，但其为之后《跨太平洋伙伴关系协定》的出现奠定了基础。从2008年开始，随着以美国为代表的一众国家宣布加入，《跨太平洋战略经济伙伴关系协定》更名为《跨太平洋伙伴关系协定》。该框架协议明确提出要将《跨太平洋伙伴关系协定》树立为一个“世纪自由贸易协定的标杆、全球贸易合作的新标准”。[①]在经历多年谈判后，2016年签署的《跨太平洋伙伴关系协定》成为首个将涉及数据跨境流动的约束性条款写入协定文本的自由贸易协定。[②]此外，《跨太平洋伙伴关系协定》还通过限制数据本地化存储，对数据数据跨境流动进行规制。这里的数据本地化是指一个国家要求数据控制者或数据使用者将收集或产生于该国的数据存储于境内。[③]一般而言，一个国家会出于国家安全、公共秩序、公民隐私和执法管辖权等考虑要求执行数据本地化政策，而限制数据本地化则能够促进更多的数据进行自由跨境流动。[④]

（二）《跨太平洋伙伴关系协定》对跨境数据流动的规制

《跨太平洋伙伴关系协定》在第十四章“电子商务”中纳入具有约束力的条款来规制数据跨境流动，其目标是促进互联网的开放和电子商务的跨境自由流动。《跨太平洋伙伴关系协定》对于数据跨境流动的规制主要体现在以下三点：（1）强制要求各缔约国允许数据跨境流动。当跨境服务供应商和投资者通过电子方式跨境传输信息是为“涵盖的人”（covered person）开展业务时，缔约各国应允许包括个人信息在内的数据跨境传输，但金融机构或金融服务的跨境供应商除外。（2）禁止数据本地化。数据本地化政策会限制和阻碍数据的自由跨境流动，因此除特别情况外，《跨太平洋伙伴关系协定》禁止任何一缔约方强制要求涵盖的人使用该国境内的计算设备，或强制将计算设备设置于该国境内。[⑤]（3）数据跨境的例外情形。为满足缔约国基于国家安全、公共秩序、公民隐私和执法管辖权等原因而要求执行数据本地化政策，《跨太平洋伙伴关系协定》分别规定了信息跨境传输和计算设备本地化的法定例外情形。上述例外情形的实施条件为：一是不得以构成任意或不合理歧视的方式实施，或对国际贸易构成变相限制；二是不得对数据传输、计算设备的使用或数据存储设备的设置施加超出实现合法公共政策目标所必需的限制。举例而言，如果缔约国政府基于合法公共政策需求，要求跨境服务供应商和投资者对该国的政府数据进行本地化存储，则该措施并不违反《跨太平洋伙伴关系协定》关于数据跨境流动的规定。

（三）《全面与进步跨太平洋伙伴关系协定》

2017年，美国宣布退出《跨太平洋伙伴关系协定》，其余11国继续推进该协定并更名为《全面与进步跨太平洋伙伴关系协定》（Comprehensive Progressive Trans-Pacific Partnership，CPTPP）。《全面与进步跨太平洋伙伴关系协定》继承了《跨太平洋伙伴关系协定》零关税、零壁垒、零补贴等高规格协议规则，既包括关税、市场准入、贸易自由开放等自由贸易条

---

① 吴涧生等：《跨太平洋伙伴关系协定（TPP）：趋势、影响及战略对策》，载《国际经济评论》2014年第1期。

② 陈咏、梅张姣：《跨境数据流动国际规制新发展：困境与前路》，载《上海对外经贸大学学报》2017年第6期。

③ 陈咏、梅张姣：《跨境数据流动国际规制新发展：困境与前路》，载《上海对外经贸大学学报》2017年第6期。

④ 陈咏、梅张姣：《跨境数据流动国际规制新发展：困境与前路》，载《上海对外经贸大学学报》2017年第6期。

⑤ 陈咏、梅张姣：《跨境数据流动国际规制新发展：困境与前路》，载《上海对外经贸大学学报》2017年第6期。

款，也包括取消电子商务等数字贸易限制性壁垒、严格保护个人隐私和在线消费者权益、加强数据跨境传输中的透明度和监管合作等规则。

根据《数字中国发展报告（2021年）》显示，2017年到2021年，我国数据产量从2.3ZB增长至6.6ZB，全球占比9.9%，位居世界第二。同时，跨境电子商务合作空间不断拓展，跨境电商进出口总额达1.98万亿元人民币，同比增长15%。显然，加入高标准的数据跨境传输国际协定有利于进一步促进我国数字产业的发展。因此，我国于2021年申请加入《全面与进步跨太平洋伙伴关系协定》，致力于建设全面、高水平的亚太自贸区，在全球数字贸易规则和数字治理方面实行高标准的国际经贸规则。

二、《跨境隐私规则》

（一）《跨境隐私规则》的发展历程与机制设计

2011年，亚太经济合作组织构建了《跨境隐私规则》（Cross-Border Privacy Rules，CBPR）。《跨境隐私规则》的宗旨最早于2004年由亚太经济合作组织部长级会议通过的隐私框架（privacy framework）确立。《跨境隐私规则》的宗旨是促使亚太区域内个人信息在得到保护的基础上实现数据的无障碍流动，以推动亚太地区跨境电子商务的发展。

亚太经济合作组织各成员国对于个人信息保护水平的不同，造成了保护水平高的国家通常禁止其个人信息流动到保护水平低的国家。然而随着跨境电子商务和个人信息的数据跨境流动成为世界经济发展的新动力，限制数据的跨境流动成为制约跨境电子商务发展的原因之一。为了实现有保障的跨境数据流动，《跨境隐私规则》从以下三方面进行了机制设计：（1）自愿认证体系。加入《跨境隐私规则》的数据跨境流动企业必须实施一套符合亚太经济合作组织隐私框架的隐私政策，以满足亚太经济合作组织隐私框架中设立的9项原则，即预防损害、通知、收集限制、个人信息的使用、选择、个人信息的完整性、安全保障、获取和更正、问责等。①（2）《跨境隐私规则》体系设定最低准入条件。这是指申请国至少应有一个隐私执法机构加入亚太经济合作组织的跨境隐私执法安排（Cross-border Privacy Enforcement Arrangement，CPEA），作为解决数据和隐私争端的跨境合作机制，促进各经济体本着互利原则展开隐私执法多边合作。（3）《跨境隐私规则》体系采用事后问责机制。这要求数据跨境流动企业所在国至少设置一个亚太经济合作组织认可的问责代理机构（Accountability Agent），按照亚太经济合作组织隐私保护标准对数据跨境流动企业进行合规认证，该机构还要负责调查消费者对于数据跨境流动企业的投诉。

（二）《跨境隐私规则》对数据跨境流动的作用

《跨境隐私规则》体系有利于平衡亚太经济合作组织成员国不同的数据和隐私保护政策，让亚太经济合作组织成员经济体在一个共同的体系下遵守隐私框架的最低标准，从而促进亚太区域个人信息的数据跨境流动。由于《跨境隐私规则》对各加入国并没有强制约

① 弓永钦、王健：《APEC跨境隐私规则体系与我国的对策》，载《国际贸易》2014年第3期。

束力，只是提供了一个建立数据跨境流动合作的平台，以及形成正式数据跨境协议关系的基础，所涉及数据跨境流动的企业将其视为一个自愿的多边数据隐私保护计划，加入国可以在《跨境隐私规则》的基础上就跨境隐私保护达成双边或多边协议，从而对协议国相关企业产生约束力。《跨境隐私规则》通过构建较低水平保护的个人数据跨境流动协议，确保参与的国家不会以保护个人数据为由限制数据跨境流动，由此实现数据相关产业和企业汇聚。对于涉及数据跨境流动的企业来说，加入《跨境隐私规则》能够在协议国区域内获得消费者的信赖，有利于其开展跨境商务活动。而没有加入《跨境隐私规则》体系的企业可能会因此处于竞争劣势，失去扩大国外数据市场的先机。[①]

三、《美国—墨西哥—加拿大协定》

（一）《美国—墨西哥—加拿大协定》的发展历程

《北美自由贸易协议》（North American Free Trade Agreement，NAFTA），是由北美三个国家美国、加拿大和墨西哥签署的全面自由贸易协定，于1994年正式生效。该协定的主要条款包括关税和非关税贸易自由化、原产地规则、服务贸易、外国投资、知识产权保护、政府采购和争端解决。[②]《北美自由贸易协议》的签订，为北美三国在之后加入《跨太平洋伙伴关系协定》谈判提供了蓝本，并提出了更为强有力和更可强制执行的条款。[③]2018年，美国、加拿大和墨西哥三国针对《北美自由贸易协议》进行了更新，并将协定更名为《美国—墨西哥—加拿大协定》（The United States-Mexico-Canada Agreement，USMCA）。《美国—墨西哥—加拿大协定》在包括数字贸易等领域制定了超越原有协定的全新条款，本节主要对其阐述。

（二）数字贸易

《美国—墨西哥—加拿大协定》制定的宗旨之一在于保护数字贸易。《美国—墨西哥—加拿大协定》在第十九章“数字贸易”中制定了数字贸易的最新标准，包括与《跨太平洋伙伴关系协定》类似的确保数据跨境自由传输，以及最大限度减少数据存储与处理地点的限制等条款。同样，《美国—墨西哥—加拿大协定》还包含与《跨境隐私规则》类似的条款，包括应用于数字市场的消费者保护措施，保护隐私和禁止未经同意的通信，促进跨境数据合作以应对网络安全，等等。鉴于美国在创新数字产品和服务领域的优势地位，《美国—墨西哥—加拿大协定》禁止协定国将关税和其他歧视性措施应用于通过数字电子形式分发的数字产品，包括电子书、数字音乐、软件、电子游戏、数字视频和电影等，以扩大美国相关企业在数字贸易中的优势地位和经济利益。此外，为了更好地保护美国数字供应商等相

---

① 弓永钦、王健：《APEC跨境隐私规则体系与我国的对策》，载《国际贸易》2014年第3期。

② 威廉·库珀：《从NAFTA到TPP（上）——纪念北美自由贸易协定签订20周年》，王宇译，载《金融发展研究》2014年第9期。

③ 威廉·库珀：《从NAFTA到TPP（上）——纪念北美自由贸易协定签订20周年》，王宇译，载《金融发展研究》2014年第9期。

关企业在北美数字贸易中的竞争力，《美国—墨西哥—加拿大协定》还新增条款促进政府公开数据的开放获取，并限制协定国政府要求企业披露专有计算机源代码和算法的权力。[①]最后，为促进金融领域的数据跨境流动，《美国—墨西哥—加拿大协定》允许跨境转移数据，并且禁止本地数据存储要求，同时强化透明义务以帮助金融机构更好地通过监管制度。

四、小结

从上述三项与数据跨境协议相关的国际协定可以看出，美国凭借其在创新数字产品和数据服务领域的经济优势地位，不断在不同地区和国家之间主导对其有利的区域自由贸易协定和跨境合作机制，期望能够通过不断促进数据的跨境自由流通来壮大自身的数据相关产业。在新的世界格局背景下，数据跨境流动相关协定必会给我国的国家安全、数字经济、个人信息等方面带来较多阻力和挑战，但同时也会给我国的数据相关产业带来新的机遇。因此，我国应在充分学习和理解当今各项数据跨境协议的基础上，客观分析这些协议对我国的影响，同时积极在数字贸易、数据产业、数据跨境等领域提前部署，为加入相关协定作好充分的预案和准备。

第二节 数据跨境限制

数据跨境限制主要是指各国为应对数据跨境流动对国家安全、个人信息保护、数字贸易服务等领域可能产生的风险与挑战，对于本国的数据出境以及域外的数据入境相关规则进行立法限制，以保护本国的数字权益。本节主要通过欧盟与我国的数据相关立法，介绍数据跨境的规则与限制。

一、欧盟《通用数据保护条例》

1995年，欧盟发布《个人数据保护指令》(Data Protection Directive，DPR)，在第25条首次提出了“充分性保护原则”的概念。根据《个人数据保护指令》第25条的规定，只有当第三国对于个人数据的保护水平达到欧盟的要求时，欧盟成员国的个人数据才能在该第三国进行数据的跨境流动。关于充分性保护原则的认定，《个人数据保护指令》只说明了应当考虑的相关因素，并没有提出统一的标准和方法。即使在指引文件中，也只提出了一些与数据相关的法律原则，没有相关标准去判断第三国对个人数据的保护程度，或第三国对

① 张小波、李成：《论〈美国—墨西哥—加拿大协定〉背景、新变化及对中国的影响》，载《社会科学》2019年第5期。

个人数据的保护水平是否符合欧盟的要求。

2018年生效的欧盟《通用数据保护条例》，在继承《个人数据保护指令》规定的充分性保护原则的基础上，明确了充分性的认定标准和实施条件，完善了欧盟数据跨境的白名单机制。根据《通用数据保护指令》第45条的规定，欧盟外部的国家是否具有同等数据保护水平由欧盟委员会来认定。一旦该国家被欧盟委员会认定为达到足够的个人数据保护程度，该国将进入欧盟委员会设立的白名单，向欧盟国家或国际组织传输个人数据时不需要欧盟委员会的特别授权。[①]

《通用数据保护指令》第45条对如何进入欧盟委员会个人数据传输白名单的认定标准进行了专门规定，即在评估个人数据保护水平的充分性时，应特别考量下列因素：（1）第三国法治程度的高低，是否已有个人数据相关立法和立法的实施情况，以及该国是否尊重人权和基本自由。从该项可以看出，欧盟高度注重个人数据的隐私保护，仅允许个人数据流入到与其隐私保护水平相当的国家或地区，个人数据流通的门槛较高。（2）第三国是否拥有有效运作的专业数据监管和规制机构。（3）第三国是否加入有关个人数据保护的国际条约或多边协定，并承担着国际法上的个人数据保护义务。

从上述规定可以看出，白名单机制是《通用数据保护指令》核心的数据跨境流动机制，只有数据接收方所在国达到与欧盟实质等同的个人数据保护水平，才能够向其进行个人数据的跨境传输。目前已有包括日本在内的12个国家通过欧盟的充分性认定，进入欧盟委员会设立的个人数据传输白名单。根据《通用数据保护指令》第45条相关规定，欧盟委员会在评估第三国个人数据保护水平的充分性后，可以通过实施性法案决定第三国拥有进入个人数据传输白名单的资质。同时该实施性法案还应设立4年一次的定期复审机制，考量该第三国所有个人数据传输和保护的相关发展情况。一旦监管部门发现该国的个人数据传输和保护情况低于欧盟要求的隐私保护水平，其将被移除出数据传输白名单。

二、我国《网络安全法》

我国《网络安全法》第37条奠定了我国数据跨境流动的法律基石：关键信息基础设施的运营者在中华人民共和国境内运营中收集和产生的个人信息和重要数据应当在境内存储；因业务需要，确需向境外提供的，应当按照国家网信部门会同国务院有关部门制定的办法进行安全评估。该条与《网络安全法（草案）》相比，首先强调了对“个人信息”和“重要数据”的保护，扩大了跨境数据保护的范围。[②]对于重要数据，《网络安全法》第31条规定，国家对公共通信和信息服务、能源、交通、水利、金融、公共服务、电子政务等重要行业

① 《通用数据保护条例》第45条规定：在欧盟委员会决定第三国、第三国一定区域或第三国内的一个或多个特定领域，或者国际组织已经确保充分水平的保护时，个人数据可以向该第三国或国际组织传输。该传输不需要获得任何特别授权。

② 高山行、刘伟奇：《数据跨境流动规制及其应对——对《网络安全法》第三十七条的讨论》，载《西安交通大学学报（社会科学版）》2017年第2期。

和领域，以及其他一旦遭到破坏、丧失功能或者数据泄露，可能严重危害国家安全、国计民生、公共利益的关键信息基础设施，在网络安全等级保护制度的基础上，实行重点保护。也就是说，涉及国家安全和公共利益的数据都可归为重要数据的范畴。其次，《网络安全法》第37条明确了接受数据跨境管理的数据来源范围，即只有在我国境内运营中收集和产生的数据才会纳入国家网信部门的安全审查范围。最后，《网络安全法》第37条还提出了数据跨境流动的条件，即因业务需要确需向境外提供的数据，应由国家网信部门安全审查之后才可出境。

《网络安全法》第37条规制的重点在于，关键信息基础设施运营者在我国境内收集和产生的个人信息和重要数据，应当在我国境内进行即时存储和处理。换言之，我国境内的信息基础设施运营者，因其业务需要在运营过程中产生的各种个人信息和重要数据，只要还没有通过国家网信部门的安全评估，就必须存储在我国境内，并在我国境内进行数据处理。

例如，在《网络安全法》正式实施之后，2017年7月，美国科技巨头苹果公司与贵州省政府签订战略合作框架协议，投资10亿美元将其云服务iCloud数据中心建设在贵州省贵安新区，并授权云上贵州大数据产业发展有限公司作为苹果公司在中国大陆运营iCloud服务的唯一合作伙伴。[①]从地理位置方面来讲，作为处理大量中国用户个人信息数据的iCloud数据中心位于中国贵州；从数据存储和处理方面来讲，iCloud服务由云上贵州大数据产业发展有限公司作为运营主体在中国大陆境内具体运营，负责存储和处理中国用户存储在iCloud数据中心的个人信息数据。苹果公司将其云服务iCloud数据中心建设在我国境内表明，由于在处理个人信息和重要数据时，实时都在产生新的数据，而这些数据又需要进行实时存储，那么企业就必须连同处理数据的计算设施都设置在我国境内，或者使用我国境内已有的数据基础设施进行或开展数据服务。

三、我国《数据安全法》

我国《数据安全法》继承和发展了《网络安全法》中数据跨境安全审查的相关法律原则，明确提出了“促进数据跨境安全、自由流动”[②]的原则，并在此基础上提出了数据分类分级的概念。例如，《数据安全法》第21条规定，关系国家安全、国民经济命脉、重要民生、重大公共利益等数据属于国家核心数据，实行更加严格的管理制度。对于包括国家核心数据在内的重要数据，《数据安全法》第25条确定了对“数据依法实施出口管制”的安全审查机制，并在《网络安全法》的基础上，在第27条加强了重要数据处理者的安全保护责任。此外，还在第30条明确了重要数据处理者的法律义务，并在第31条规定由国家网信部门会同国务院有关部门制定重要数据的出境安全管理办法。

在数据跨境流通的各环节，需要针对不同类型数据提出不同的解决方案。《数据安全法》第21条提出国家建立数据分类分级保护制度，对数据实行分类分级保护，并要求相关

---

① 赵光霞、宋心蕊：《苹果公司投10亿美元在贵州建设iCloud数据中心》，载人民网，http://media.people.com.cn。

② 《数据安全法》第11条。

部门制定重要数据目录，加强对重要数据的保护。对此，国家工业信息安全中心在《中国数据要素市场发展报告（2020—2021）》中提出了“数据流通金字塔模型”，该模型将数据分为公开数据、低敏感度数据、中敏感度数据、高度机密数据4种，能够针对不同数据类型应用不同的数据跨境流通技术和服务模式。

首先，高度机密数据参照《数据安全法》第21条规定的国家安全数据等法律法规规定，需依法严格管理，在没有相关法律法规许可的情况下不能进行跨境流动。除国家工业信息安全中心等部门外，各地方也积极按照《数据安全法》第21条提出的数据分类分级保护制度制定地方数据法规。例如，《深圳经济特区数据条例》等地方数据法规也规定在处理国家规定的重要数据时，应当按照有关规定设立数据安全管理机构、明确数据安全管理责任人，并实施特别技术保护，[①]从而避免某些特定的重要数据进入跨境流动，保障国家数据安全。

其次，中度敏感数据主要包括个人医疗数据、个人信用数据、企业生产经营数据等。一般而言，中度敏感数据在多方安全计算、联邦学习等一定加密或去标识化条件下可以进行境内流动，但跨境流通依然需要国家网信部门的安全审查。中度敏感数据的定义和范围可参考2021年《信息安全技术重要数据识别指南（征求意见稿）》第3.1条对“重要数据”的规定，即以电子方式存在的，一旦遭到篡改、破坏、泄露或者非法获取、非法利用，可能危害国家安全、公共利益的数据。不仅是国家核心数据，基于海量个人信息形成的统计数据、衍生数据也可能属于重要数据，因此中度敏感数据也可能属于《数据安全法》规定的重要数据范畴。根据《数据安全法》第21条提出的数据分类分级保护制度，《深圳经济特区数据条例》第74条也规定，市网信部门应当统筹协调相关主管部门和行业主管部门按照国家数据分类分级保护制度制定本部门、本行业的重要数据具体目录，对列入目录的数据进行重点保护。各网信部门应在国家网信部门的指导下，根据各地方、各部门、各领域的数据特点制定相应数据目录，以指导数据相关企业和部门采取安全技术措施，有针对性地保护个人医疗数据、个人信用数据、企业生产经营数据等属于重要信息的中度敏感数据，确保这些数据进入跨境流动之前，必须经过国家网信部门的安全审查。

再次，气象数据、地理数据、统计数据等政府政务公开的数据也可能被纳入《数据安全法》所规定的重要数据范畴。这些政府公开数据虽然根据《信息安全技术重要数据识别指南（征求意见稿）》的数据分类分级规则属于开放数据，在我国境内可以通过数据开放、API技术服务等方式进行流通，但这些数据由于包含政府数据等可能涉及国家安全的信息，数据出境依然需要根据《数据安全法》的要求进行数据出境安全审查。对此，包括各地区的大数据中心在内的重要数据处理者需要落实自身的数据安全责任。例如，《深圳经济特区数据条例》第34条规定，市政务服务数据管理部门负责推动公共数据向城市大数据中心汇聚，组织公共管理和服务机构依托城市大数据中心开展公共数据共享、开放和利用。

最后，对于低敏感度数据，可以由持有数据的自然人、法人或非法人组织，或交易所等相关数据交易机构，在数据进入跨境流动之前先行进行数据清洗等脱敏处理，在保障数

① 《深圳经济特区数据条例》第73条。

据不包含任何重要数据之后再交由国家网信部门进行安全审查，确保数据跨境的安全与合规。

四、我国《个人信息保护法》

根据我国《个人信息保护法》第3条的规定，只要以向境内自然人提供产品或者服务为目的，或涉及分析、评估境内自然人行为的活动，都属于《个人信息保护法》的调整对象。也就是说，无论是跨国公司还是其下属子公司、关联公司，只要通过互联网或其他任何途径处理我国境内个人信息，都属于《个人信息保护法》第53条规定的境外个人信息处理者，应当在我国境内设立专门机构或者指定代表，负责处理个人信息保护相关事务，并将相关信息报送国家网信部门等相关机构。

《个人信息保护法》参照《网络安全法》和《数据安全法》中有关重要数据出境的法律原则，在第40条规定在我国收集和产生的个人信息也应存储在境内，确需向境外提供的应当通过国家网信部门组织的安全评估。此外，《个人信息保护法》还对个人信息出境的条件进行了规制。《个人信息保护法》第38条规定了个人信息处理者因业务等需要确需向境外提供个人信息的，应当具备以下条件之一：（1）依照《个人信息保护法》第40条的规定通过国家网信部门组织的安全评估。此条件与《网络安全法》和《数据安全法》关于重要数据出境的规定类似，可以认为包含个人信息的数据也属于重要数据，必须经国家网信部门组织安全评估后方可出境流动。（2）符合《个人信息保护法》第38条授权国家网信部门制定的个人信息保护认证、合同标准以及其他条件，[①]具体内容详见《数据出境安全评估办法》，本书将在下一节具体阐述。（3）符合我国参加的国际条约或协定的规定。《个人信息保护法》第12条规定，我国积极参与个人信息保护国际规则的制定，促进相关国际交流与合作，推动个人信息保护规则、标准等互认，希望通过与他国缔结国际条约或协定的形式进行数据跨境自由流动。例如，我国如果正式加入本章第一节介绍的CPTPP或CBPR，则代表我国同意就条约或协定的缔约国进行统一标准的跨境数据流动。

值得注意的是，《个人信息保护法》第38条还规定了个人信息处理者跨境传输个人信息数据的法律责任，要求其保障境外接收方也能达到我国《个人信息保护法》要求的个人信息保护力度。换言之，境内个人信息数据发送方和境外个人信息数据接收方都必须满足我国《个人信息保护法》规定的个人信息保护标准，方可进行跨境数据流通。例如，根据《信息安全技术　个人信息安全规范》的要求，个人信息处理者将我国境内收集和生产的个人信息转移至境外管辖区时，应能够得到我国境内“足够同等”的保护。并且，个人信息处理者在跨境数据转移之前，必须实施数据去标识化等安全举措，向个人详细说明需要进

---

① 《个人信息保护法》第38条规定：个人信息处理者因业务等需要，确需同中华人民共和国境外提供个人信息的，应当具备下列条件之一：……（2）按照国家网信部门的规定经专业机构进行个人信息保护认证；（3）按照国家网信部门制定的标准合同与境外接收方订立合同，约定双方的权利和义务；（4）法律、行政法规或者国家网信部门规定的其他条件。

行跨境传输的数据类型，以及跨境传输遵守的标准、协议和法律机制，请求个人同意跨境转移个人信息数据。

此外,《个人信息保护法》第41—43条规定了不满足个人信息跨境数据流通条件的情形：（1）非经我国相关主管部门批准的外国司法或者执法机构；（2）被国家网信部门列入负面清单的境外组织或个人；（3）我国对其采取对等限制措施的国家和地区。任何境内个人数据处理者都禁止向上述主体开展跨境个人数据流通行为。

个人信息处理者进行跨境数据流动，除满足《个人信息保护法》第38条规定的个人数据出境条件外，还需满足以下三点要求：（1）根据《个人信息保护法》第39条向个人告知境外接受方信息并取得个人单独同意。①（2）进行个人信息保护影响评估。《个人信息保护法》第55条规定，向境外提供个人信息的，个人信息处理者应当事前进行个人信息保护影响评估，并对处理情况进行记录。评估和处理记录至少应保存3年，内容包括个人信息的处理目的、处理方式等是否合法、正当、必要，对个人权益的影响及安全风险，以及所采取的保护措施是否合法、有效并与风险程度相适应。（3）通过国家网信部门组织的安全评估。

第三节 数据跨境安全

数据跨境安全主要是指各国为应对数据跨境流动对国家安全、个人信息保护、数字贸易服务等领域可能产生的风险，为保障本国的数据出境以及域外的数据入境安全而制定的法律法规以及程序规章。本节主要通过我国的数据出境相关法规，介绍保障数据跨境安全的程序与规定。

一、《数据出境安全评估办法》

（一）适用法律主体

《数据出境安全评估办法》第3条规定了“事前评估和持续监督相结合、风险自评估与安全评估相结合”原则。应当申报数据出境安全评估的法律主体，除了向境外提供重要数据的数据处理者以及关键信息基础设施运营者，还包括：（1）处理100万人以上个人信息的数据处理者；（2）自上年1月1日起累计向境外提供10万人个人信息的数据处理者；（3）自上年1月1日起累计向境外提供1万人敏感个人信息的数据处理者。

① 《个人信息保护法》第39条规定：个人信息处理者向中华人民共和国境外提供个人信息的，应当向个人告知境外接收方的名称或者姓名、联系方式、处理目的、处理方式、个人信息的种类以及个人向境外接收方行使本法规定权利的方式和程序等事项，并取得个人的单独同意。

（二）数据出境安全评估前的风险自评估

根据《数据出境安全评估办法》第5条提出的事前评估与风险自评估的要求，数据处理者在向国家网信部门申报数据出境安全评估之前，需要重点从以下几个方面对自身数据出境风险进行自评估，并作为申报材料的一部分予以提交：（1）数据出境和境外接收方处理数据的目的、范围、方式等的合法性、正当性、必要性；（2）出境数据的规模、范围、种类、敏感程度，数据出境可能对国家安全、公共利益、个人或者组织合法权益带来的风险；（3）境外接收方承诺承担的责任义务，以及履行责任义务的能力；（4）数据出境中和出境后可能遭受的风险，以及个人信息权益维护渠道；（5）落实数据安全保护责任义务的法律文件；（6）其他可能影响数据出境安全的事项。相较《网络安全法》和《数据安全法》,《数据出境安全评估办法》提出了更为细化的数据出境安全风险自评估事项，明确了数据出境企业或组织需要具体评估的内容。

（三）数据出境安全评估的内容

国家网信部门收到数据处理者提交的申报材料后，需根据《数据出境安全评估办法》第8条提出的七方面内容对数据出境活动进行评估。相较《数据出境安全评估办法》第5条提出的六项自评估内容，国家网信部门还需要对境外接收方所在国家或者地区是否遵守中国法律、行政法规、部门规章情况进行评估。相对而言，国家网信部门的安全评估是从更宏观的领域评估境内数据处理者的合法合规性，以及境外接收方之国家或者地区的数据安全保护政策法规，根据对方是否遵守我国数据相关法律法规，对出境数据的安全风险进行更为细致而全面的评估。

二、《个人信息跨境处理活动安全认证规范》

（一）适用法律主体和原则

《网络安全标准实践指南—个人信息跨境处理活动安全认证规范》（以下简称《认证规范》）根据《个人信息保护法》第38条的要求，对符合个人信息安全保护条件且确有跨境传输数据业务需求的个人信息处理者进行认证，适用的法律主体包括跨国公司，以及其下属子公司或关联公司。申请个人信息保护认证的个人信息处理者应当符合《信息安全技术　个人信息安全规范》的相关要求，采用必要技术措施保障个人信息的安全，这对申请认证的企业提出了较高的个人信息保护标准。《认证规范》第3条提出了合法、正当、必要、诚信，公开、透明，保证信息质量，同等保护，责任明确，以及自愿认证共6项原则。其中，同等保护原则要求境外个人信息数据接收方承诺并遵守统一的个人信息跨境处理规则，确保个人信息保护水平不低于我国个人信息保护标准。

（二）认证前个人信息保护影响自评估

与《数据出境安全评估办法》类似，《认证规范》第4条也要求个人信息处理者事前进行向境外提供个人信息数据的影响评估，主要包括以下三个方面：（1）向境外提供个人信息数据是否合法合规；（2）境外国家和地区的法律环境、网络安全环境等对个人信息主体权益的影响；（3）其他维护个人信息权益所必需的事项。此外，申请认证的个人信息处理者和境外个人信息数据接收方之间应当签订具有法律约束力的协议，作为申请认证审查的材料一并提交。

（三）协议内容

《认证规范》第4条规定，境内个人信息处理者和境外个人信息数据接收方签订的法律协议作为申请认证审查的材料，至少应明确下列内容：（1）双方基本信息；（2）跨境处理个人信息的目的、方式和范围；（3）个人信息主体权益保护措施。此外，境外人信息数据接收方必须作出以下承诺：（1）确保个人信息保护水平不低于我国的标准；（2）接受我国认证机构的监督；（3）接受我国人信息保护法律法规的管辖；（4）明确在我国境内承担法律责任的组织。

思考题

1. 请结合我国目前的数据产业发展现状以及数据跨境流动的产业需求，试析加入《全面与进步跨太平洋伙伴关系协定》，是否有利于我国数据产业的对外合作及支撑数据产业的健康发展？

2. 我国《网络安全法》和《数据安全法》提出根据数据重要程度进行分类分级的管理办法，这会对数据跨境流通以及数据产业的发展产生怎样的影响？

3. 根据我国《个人信息保护法》相关规定，个人信息以及敏感个人信息的跨境流动是否应受到严格的审批与监管？这会对与个人隐私相关的数据产生怎样的影响？

▶ 拓展阅读

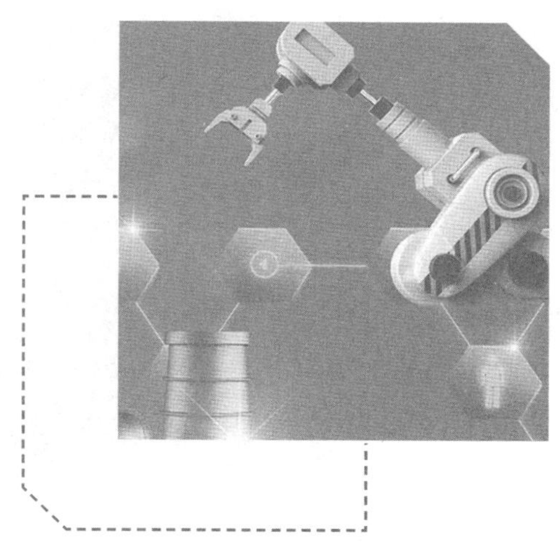

第六章

数据监管与责任

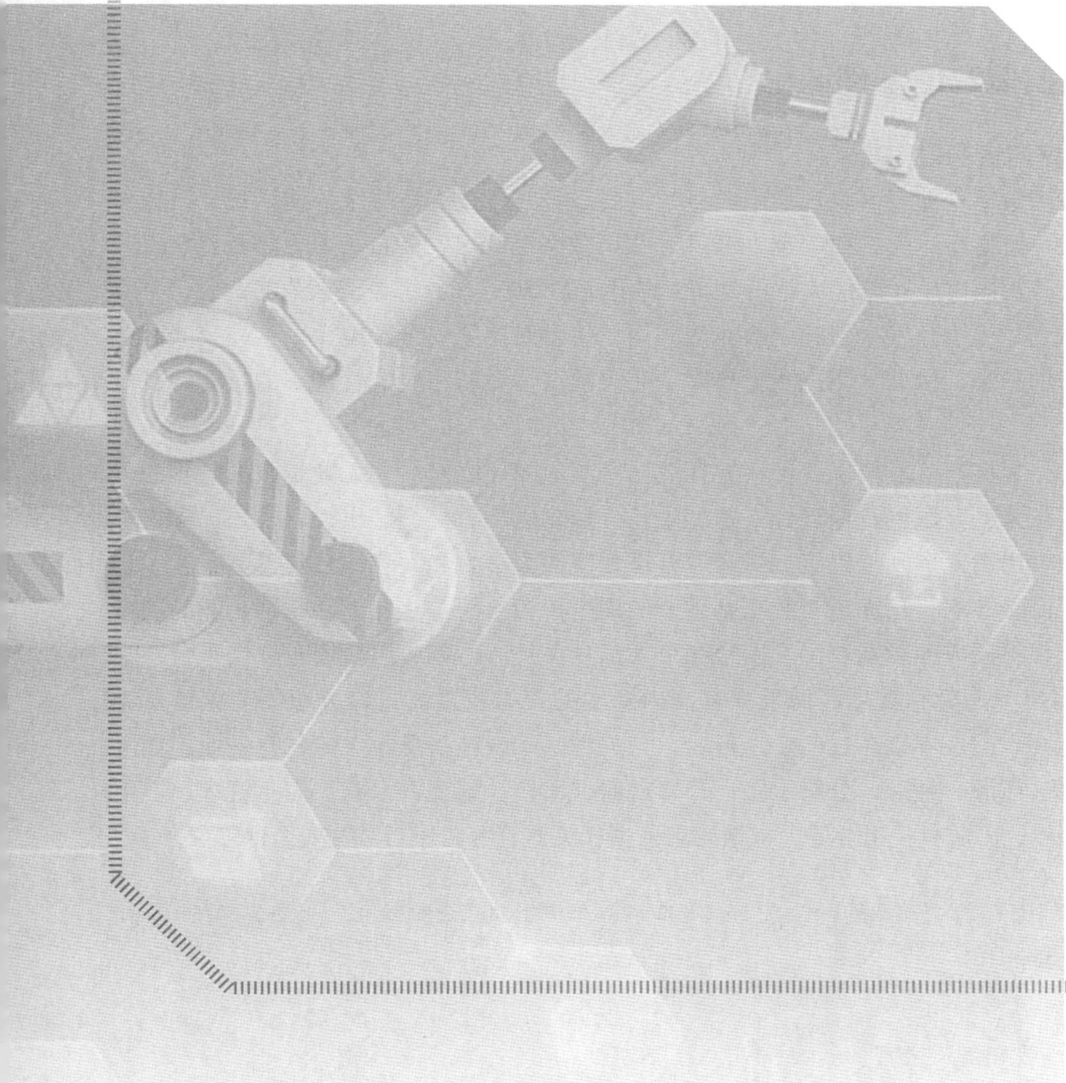

近年来，数字经济在国家经济发展中所占比重越来越大，数据泄露和违规使用事件也随之产生，数据监管与责任已经成为世界范围内共同关注和亟待解决的问题。本章从数据的全流程监管和法律责任两个方面展开，重点阐述应当如何规范数据活动，保障数据安全，促进数据利用，同时保护个人、组织的合法权益。

第一节 数据监管

数字经济的核心生产要素是数据，为了规范并发掘数据资源的潜在经济效益，在保障数据价值提升的同时实现合规与安全共享，监管部门亟需建立完善的数据监管范式，构建与之匹配的监管体系与能力，最终实现数字化转型下的政府、社会、个人等多元主体协同共进的局面。

一、数据监管的基础理论

（一）数据监管的现实背景

当前，我国数字产业发展呈现稳中向好的发展态势，行业规模持续快速增长，已数年稳居世界第二。据测算，从2012年至2022年，我国数字经济规模从11万亿元增长到50.2万亿元，数字经济占国内生产总值比重由21.6%提升至41.5%。[①]数字经济繁荣的背后，有着庞大的数据做支撑，一旦发生泄露或被非法利用，将会对国家安全、国计民生、公共利益造成难以估量的损失。因此，防范数据风险、完善数据治理和相应监管机制的重要性日益凸显。

观察国内外数据产业发展实践，建立在数据基座上的互联网行业无疑是数据监管的重点对象。近些年来，互联网行业以惊人速度生长，深刻影响着社交、出行、娱乐、零售等领域，我国涌现出腾讯、阿里巴巴、抖音等万亿元市值大平台和大量“独角兽”企业。它们不但积累了海量数据，还能进行数据基础上的用户行为分析等。此类互联网企业的数据风险问题可能从不同方面影响着国家安全和个人信息保护。例如，出行用车软件平台，不但掌握大量用户个人隐私数据，而且拥有国内众多的交通线路、人口分布等与关键基础设施有关的重要数据。不仅在这些重点行业，与关键基础设施信息相关的各行各业，如电信、广播电视、能源、金融、公路水路运输、铁路、民航、邮政、水利、应急管理、卫生健康、社会保障、国防科技工业等，也被要求依据相关监管办法履行数据安全保障义务。[②]

① 国家互联网信息办公室：《数字中国发展报告（2022年）》，载中央网络安全和信息化委员会办公室官网，http://www.cac.gov.cn。

② 付振秋、朱晓云：《数据监管推动数字经济高质量发展》，载《中国信息界》2022年第3期。

随着数据应用场景和参与主体的日益多样化，数据监管的外延不断扩展，数据泄露危机日益加重。以2020年为例，在国内，有媒体报道称中国电信超2亿条用户信息被卖，微博5.38亿用户数据在暗网出售。在国外，近50万台服务器、路由器和IoT设备密码被泄露，2.67亿个Facebook账户信息在暗网出售，印度尼西亚电商巨头Tokopedia有9000万账号信息在暗网售卖，巴西卫生部官网2.43亿个人信息被泄露。[①]IBM Security在《2021年数据泄露成本报告》中指出，受访企业平均每起数据泄露事件成本为424万美元，创下了这个系列报告17年以来历史新高。可以说，数据安全与数据监管问题已经成为全球性治理问题。

（二）数据监管的界定

面对日益剧增的数据资源，如何有效管理数据收集与使用，如何通过监管来实现数据价值增值与可持续利用，如何保证数据在安全、可控的范围内被长期利用，是摆在我们面前的重要议题。从政策与技术层面观察，有关数据监管的研究自21世纪初开始逐渐深入。[②]数据监管涉及数据资源的全生命周期过程，是动态变化且并不完全的过程内容，在法律视域下各方普遍关注的是个人信息保护、企业数据权属、政府数据开放和数据安全等问题。结合数据资源要素的自身属性，数据监管的范式可以概括为四个层面的内容：规则层面，表现为国家为规范数据处理活动及实施监管制定的规则；技术层面，表现为数据资源的所有者或控制者所采用的技术标准和所使用的数据监管技术，以及对相关技术发展趋势的分析研判、监管系统和能力建设等；实施层面，表现为开展具体工作时统筹兼顾监管规则与监管技术实际遵循的行为准则；价值层面，表现为在监管过程中遵循的与数据价值的发掘、交易、共享以及锚定物等相关的监管原则。

综上，数据监管是为了规范数据资源开发利用行为，防范和管控数据资源使用过程中的负外部性，保障数据要素市场的健康发展和社会福祉不受损而构建的监管体系与采取的治理措施。

二、数据监管的实践现状

（一）国外数据监管实践

目前，各国政府逐渐意识到，数据已成为与国家安全和国际竞争力紧密关联的一大要素，对实施数据监管的认知也从传统的个人隐私保护上升到维护国家安全的高度，并且纷纷制定出台了国家数据战略，以实现其国内数据产业健康安全发展的目标。其中，欧盟发布的《欧洲数据保护监管局战略计划（2020—2024）：塑造更安全的数字未来》指出，社会和经济对数据和技术的依赖性增强，放大了数字生态系统存在的市场力量集中、信息不对称、虚假信息、操纵、数据泄露等既有问题。同时，欧盟还颁布了《通用数据保护条例》和《数据治理法案》，以推动欧洲数据战略不断发展与完善。美国发布的《联邦数据战略与2020年行动计划》确立了保护数据完整性、确保流通数据真实性、数据存储安全性等基本

① 国晔：《数据监管在升级》，载《国企管理》2022年第1期。

② 付振秋、朱晓云：《数据监管推动数字经济高质量发展》，载《中国信息界》2022年第3期。

原则；围绕数据治理出台了《加州消费者隐私法案》和《澄清合法使用境外数据法案》。[①] 澳大利亚政府发布的《公共服务大数据战略》和《2020年网络安全战略》概述了确保个人、关键基础设施提供商和企业在线安全的方法，并在此基础上强化数据、个人信息保护相关立法，建立数据安全标准指南等；同时，为了落实战略，颁布了《国家数据安全行动计划》。

此外，各国数据安全保护机构设置不断完善，为加强数据治理工作提供了实施路径，使国外有关企业的数据安全保护政策初见成效。例如，Facebook通过开源差分隐私库加强对人工智能训练样本隐私性的保护；苹果公司通过模糊定位技术限制第三方App获取用户精确地理位置信息。总体来看，国外对于数据的监管不断趋严，对大型互联网公司的数据监测、治理、执法力度持续加大。例如，2019年Facebook因为用户隐私问题被罚款50亿美元；法国、加拿大等国家也纷纷对Twitter、谷歌等企业开出高额罚单，对滥用数据优势侵害消费者隐私或进行非法数据贩卖行为进行严厉惩罚。

（二）国内数据监管实践

近年来，国内对于数据监管的重视程度日益增强，公众在数据监管过程中的参与意识也在逐渐升高，从国家层面到地方层面，我国数据监管的目标、制度规范、技术融合创新都在不断推进与完善。随着《数据安全法》《个人信息保护法》等法律的实施，国家开始在互联网、政务民生等领域加大对数据资源的监管力度，数据资源迎来了史上最严格的监管时期。各地政府也根据自身特点制定出台不同的数据资源安全与监管的具体条例与措施，实施各种重大工程；各类机构、组织也开始参与技术融合创新与标准的制定修订工作，发布有关数据研究信息。

1. 国家层面的数据监管

近年来，一系列与数据及其安全保护相关的法律法规和标准规范陆续发布，数据的价值不断被认可。《国家安全法》将数据安全纳入国家安全的范畴。《网络安全法》引入了网络数据的概念，建立了关键信息基础设施安全保护制度，确立了关键信息基础设施重要数据跨境传输规则。2017年，习近平在十九届中央政治局第二次集体学习时强调，我国要“构建以数据为关键要素的数字经济”。2020年，12个部委联合发布《网络安全审查办法》，强调推动建立国家网络安全审查工作机制，以确保关键信息基础设施供应链安全，维护国家安全。例如，国家对滴滴出行等平台的网络安全审查，正是依据《网络安全法》《网络安全审查办法》等进行的审查程序。2021年实施的《数据安全法》，从法律层面清晰定义了数据活动、数据安全，提出国家对数据实行分类分级保护、开展数据活动必须履行数据安全保护义务、开展数据活动应承担社会责任等。《数据安全法》的根本目的是提升国家对数据安全的保障能力和数字经济的治理能力。可见，在2021年之前，我国就有多部涉及数据合

① 2022年6月3日，美国众议院和参议院发布了《美国数据隐私和保护法案》讨论稿。虽然该法案并未正式实施，但却反映出数字时代美国数据隐私保护的价值理念，在制度设计上既考虑了增强个人数据权利的国际趋势，还有较多有利于数据价值释放的内容，如“选择退出”机制、有限的私人诉讼权、数据处理企业的忠诚义务等。

规与数据监管的法律法规、规章制度、国家标准，随着《数据安全法》和《个人信息保护法》的颁布实施，我国已形成了数据安全保护基本法律框架，围绕基本法制定的配套法规制度与相关国家规定也在加快制定出台，包括数据跨境流动、个人信息保护、新技术新应用数据安全等多个方面。同时，我国出台的数据领域法律政策的覆盖面也越来越广，如工信部2022年底印发的《工业和信息化领域数据安全管理办法（试行）》，重点解决了工业和信息化领域数据安全"谁来管、管什么、怎么管"的问题，构建了"工业和信息化部、地方行业监管部门"两级监管机制，以数据分级保护为总体原则，要求一般数据加强全生命周期安全管理，重要数据在一般数据保护的基础上进行重点保护，核心数据在重要数据保护的基础上实施更加严格保护。数据监管法规不断细化，日趋成为国家治理的一个重要组成部分，构筑了我国数据安全保护的基础性法律堡垒。

2. 地方层面的数据监管

除国家层面的数据监管立法外，在地方层面，截至2023年5月30日，已有18个省市公布了相关数据条例（详见表6-1）。其中，贵州、天津、海南、山西、吉林、安徽、山东、福建、黑龙江和辽宁出台了大数据条例，深圳、上海、浙江和重庆出台了数据条例。此外，江西、河南、宁夏等地公布了相关数据条例的草案。在具体内容方面，数据资源、基础设施、发展应用、数据安全等是我国地方数据立法关注的重点。

表6-1　国内数据监管地方条例一览

地区	立法名称	施行时间
贵州	《贵州省大数据发展应用促进条例》	2016年3月1日
	《贵州省大数据安全保障条例》	2019年10月1日
	《贵州省政府数据共享开放条例》	2020年12月1日
天津	《天津市促进大数据发展应用条例》	2019年1月1日
海南	《海南省大数据开发应用条例》	2019年11月1日
山西	《山西省大数据发展应用促进条例》	2020年7月1日
吉林	《吉林省促进大数据发展应用条例》	2021年1月1日
安徽	《安徽省大数据发展条例》	2021年5月1日
广东	《广东省数字经济促进条例》	2021年9月1日
山东	《山东省大数据发展促进条例》	2022年1月1日
深圳	《深圳经济特区数据条例》	2022年1月1日
上海	《上海市数据条例》	2022年1月1日
福建	《福建省大数据发展条例》	2022年2月1日
浙江	《浙江省公共数据条例》	2022年3月1日
重庆	《重庆市数据条例》	2022年7月1日

续表

地区	立法名称	施行时间
黑龙江	《黑龙江省促进大数据发展应用条例》	2022年7月1日
辽宁	《辽宁省大数据发展条例》	2022年8月1日
北京	《北京市数字经济促进条例》	2023年1月1日
四川	《四川省数据条例》	2023年1月1日
广西	《广西壮族自治区大数据发展条例》	2023年1月1日
陕西	《陕西省大数据条例》	2023年1月1日
	《陕西省大数据发展应用条例（草案）》	/
宁夏	《宁夏回族自治区大数据发展促进条例（草案）》	/
河南	《河南省数据条例（草案）》	/
江西	《江西省数据条例（草案）》	/
	《江西省数据应用条例（草案）》	/

综合来看，我国各地的数据立法在时间上有先后，在数据治理方面也呈现一定的差异性。具体来看，一方面，既有综合性立法，如《深圳经济特区数据条例》涵盖了个人数据、公共数据、数据要素市场、数据安全等方面，是国内数据领域首部基础性、综合性立法；也有数据领域的分类立法，如贵州省出台全国首部大数据地方法规——《贵州省大数据发展应用促进条例》后，又分别制定了《贵州省大数据安全保障条例》和《贵州省政府数据共享开放条例》。另一方面，各地还通过发布促进数字经济发展的相关条例，对数字资源予以治理。比如，《浙江省数字经济促进条例》就设有“数据资源”专章。《广东省数字经济促进条例》对数据资源开发利用保护作出明确规定，探索数据交易模式，培育数据要素市场，规范数据交易行为，促进数据高效流通。不仅如此，以上数据立法的内容也各具特色，如《上海市数据条例》以保护促利用的立法主线，聚焦数据权益保障、数据流通利用、数据安全管理三大环节；《浙江省公共数据条例》重点围绕“公共数据”，建立以政策制度、标准规范、组织保障、网络安全体系为支撑的一体化智能化公共数据平台；《深圳经济特区数据条例》涵盖了个人数据、公共数据、数据要素市场、数据安全等方面；《辽宁省大数据发展条例》从培育壮大数据要素市场、突出工业大数据特色、夯实新型基础设施底座、全面保障数据安全等方面进行了制度设计。

此外，不少地方在加快数据立法进度、增强数据治理能力和完善数据治理体系的同时，还设置了数据资源管理局或大数据发展管理局等职能部门，如贵州省大数据发展管理局、广东省政务服务数据管理局、上海市大数据中心、天津市大数据管理中心、山东省大数据局和浙江省大数据发展管理局等。

对比数据监管实践不难发现，欧盟及其成员国在应对数据监管问题时更强调优先保障个人权益，而美国侧重保障数字经济发展和自由市场竞争秩序，中国则明确在保障数据安全的基础上促进数据的开发利用。不过，当前中国在数据监管具体执行上仍存在诸多难点：一是数据交易、数据处理具有隐蔽性，侵权、犯罪行为较难被发现，在出现数据泄露、黑市交易等事件后也较难追溯到具体责任方；二是算法处理具有一定黑盒属性，明确界定行为、结果以及因果关系存在一定技术难度；三是数据交易往往存在个人、企业等多个主体，需要保障的法益众多。如何设计一个平衡多方利益、促进整体利益最大化的监管框架，是现阶段需要着力解决的问题。

三、数据监管思路与未来趋势

（一）数据监管的基本思路

数据监管涉及内容广泛，核心是协调多方利益，通过适当的理论创新兼顾公平和效率，并在数据利用与数据保护之间取得平衡，充分维护数据主体的合法权益。数据监管总体思路体现在以下方面：

一是协调兼顾各方利益。数据中蕴含了丰富的价值和公共福利水平，这也成为数据政策制定者在考量公平和效率时的重点。

二是推动数据资源权责分离。现有产权制度并不能很好适应数字经济发展的需要，可能需要通过理论创新，构建出新型产权制度以满足数字经济发展和多方数据权益保护的需要。所有权与使用权分离可能是在实现数据权益保护时能够兼顾公平与效率的一种产权思路。

三是数据保护与数据利用并重。只讨论数据监管而忽视开发，容易导致数据全生命周期过程受阻。对于数据监管，要坚持利用与保护并行、使用与监管并重，在保护各方利益的前提下，增加数据资源的开发力度，充分发挥好数据价值。

四是产业技术引导与法律规范保障同步。在数据资源的监管过程中要重视产业技术发展与产业技术引导，规范产业技术内容，并在此基础上形成标准范式或法律规范，保证产业技术引导与法律规范保障同步，实现数据监管有据可依。

五是完善行业自我监管与社会协同监管能力。数据行业自我监管具有适应性强、成本低、见效快等特点，行业内部之间互相监督，并通过社会协同监管实现数据资源的公共利益目标。①

（二）数据监管的重点领域

当前，我国数据立法中的监管重点主要涉及数据的采集共享、开发应用及安全管理三大方面。

1. 数据采集共享

数据的汇集能够加速数据资源的整合应用。统一的数据平台能够规范数据在各业务系统间的共享流通，促进数据价值充分释放。数据的开放共享是提升数据价值、激发创新活力的关键环节。从各省市公布的相关数据条例（包括草案）可以看出，我国各地数据立法

① 付振秋、朱晓云：《数据监管推动数字经济高质量发展》，载《中国信息界》2022年第3期。

均通过统一的数据平台实现数据的汇集、存储、共享和开放，并对公共数据实行目录管理，明确了公共数据的分类、格式、属性、更新时限，以及共享、开放和适用的要求等。

公共数据在相关部门间以共享为原则，不共享为例外。天津、海南、吉林、陕西等地区明确将公共数据划分为无条件共享的公共数据、有条件共享的公共数据和不予共享的公共数据三类。对于无条件共享的公共数据，数据使用者通过本地区统一的数据平台即可查找、获取。对于有条件共享和不予共享的公共数据，不同地区的规定不同，天津、陕西要求数据提供者向相关部门进行报备；吉林除要求数据提供者明确公共数据的共享条件、共享范围和使用用途外，还要求数据使用者通过省大数据平台提出申请。

对于公共数据开放，同样可将公共数据分为无条件开放的公共数据、有条件开放的公共数据和不予开放的公共数据三种类型。数据使用者可以通过本地区统一的数据平台查询、获取无条件开放的公共数据。对于有条件开放的公共数据，数据使用者应通过开放平台向数据提供者提出申请。《上海市数据条例》还明确了有条件开放和不予开放的公共数据类型，其中，有条件开放的公共数据包括对数据安全和处理能力要求较高、时效性较强或者需要持续获取的公共数据；而涉及商业秘密、个人隐私、能识别到具体自然人的个人信息，或者法律、法规规定不得开放的公共数据，属于不予开放的公共数据。

2. 数据开发应用

关于数据开发应用，一方面，应围绕研发设计、终端制造、平台构建、应用服务等大数据产业链关键环节，制定优惠政策，培育、引进大数据企业，加快推进大数据产业集聚区建设；另一方面，需不断加强数据与实体产业的融合应用，特别是在制造业、服务业、农业、社会治理、公共服务等重点领域。

为推动数据开发应用，相应的政策保障必不可少，目前已见于各地数据立法之中。在基础设施建设方面，推动新一代信息基础设施建设，推动信息基础设施共建共享、互联互通；在资金支持方面，设立专项资金，制定税收优惠政策，并提供融资支持；在人才培养方面，制订人才引进计划，不断推动产学研合作及高校的大数据学科建设；在政策措施方面，积极开展数据相关标准研究和制定工作；在市场发展方面，搭建数据要素交易平台，完善数据交易，促进数据安全流通。

3. 数据安全管理

数据应用与安全并重原则已经成为我国数据监管的实践方针。许多地方数据立法也有相应的数据安全管理规定，虽在立法表述上略有差别，但基本覆盖了数据采集、储存、开发、应用、交易、发布、服务等数据全生命周期。天津、贵州等地还要求相关负责单位建立数据安全防护管理制度，制定数据安全应急预案，并定期开展安全评测、风险评估和应急演练。此外，上海和山东等地还提出实行数据安全责任制，明确谁持有谁负责、谁管理谁负责、谁使用谁负责、谁采集谁负责的原则。同时存在多个处理者的，各数据处理者分别承担各自的安全责任。

（三）数据监管的发展趋势

在数字经济迅猛发展的形势下，数据资源在经济运行和资源配置中发挥着日益重要的作用。数据监管所涉关系的复杂性使得高效的数据监管既要遵从自然、社会规律，也要遵从技术、法律、管理规律。随着移动互联网、云计算、人工智能等信息技术的发展，网络空间成为陆、海、空、天之后的第五大空间，与现实空间产生紧密的交互作用。数据是连接现实空间与网络空间的桥梁，这注定了数据监管将是未来各国持续关注的重要议题。

当前，我国已拉开数据“严”监管的序幕。数据作为数字经济发展的关键生产要素，在有效监管方面依然有较大的改善空间。数据监管应从流通、效率、激励、安全、隐私等方面着力推进。现阶段，各国普遍关注数据的安全与隐私。我国法律监管体系下的数据监管主要围绕安全和隐私两条主线，同时兼顾政务数据流通。其中，就安全而言，我国已通过自上而下的方式建立了数据安全监管制度，并且按照分类分级原则实施保护。例如，《数据安全法》等法律对数据安全已作出相对系统的规定，为顶层设计奠定基础，强调个体责任，重视数据出境监管。在隐私保护方面，我国《个人信息保护法》等法律确立了数据采集最小必要原则，匿名化数据不属于个人信息（隐私）范围。

展望未来，数据监管应着重从效率方面推进，监管主体可利用激励手段侧面配合数据监管。首先，政务数据应持续加速开放。政府应持续推动数据流通，部分省市可选择与大数据平台合作，如上海通过设立数据交易所，在全国首发数商体系、数据交易配套制度、全数字化数据交易系统、数据产品登记凭证和数据产品说明书等，以更好推动数据要素市场发展和数据流通交易业务的开展。其次，可由国家统一管理企业公共数据，聚焦数据使用、来源和流通环节。企业公共数据统一管理有助于提高效率，以应对更复杂的应用背景，并与传统公共数据进行良性互补。最后，将非公共数据使用权、收益权下放企业，对公共数据给予补偿。将非公共数据使用权、收益权下放给企业，由企业探索数据的正确使用方法；对于公共数据，应建立激励机制，在汇总监管时应通过支付数据使用费或数据交易费等方式予以补偿。

综上所述，我国需要构建能够保障数据安全、明确数据责任、解决数据难题的多元数据监管路径，从而进一步提升数据监管水平，并通过多学科融合、全面协调保证相关数据主体遵守国家战略和法治规则，促进数据治理能力的现代化。

第二节 数据法律责任

大数据时代，数据的类型日益多元化，不仅承载着个人的人格权益或企业的经济利益，而且可能影响国家安全与公共利益。在整体法秩序的视野下，数据领域的法律责任主要包括民事法律责任、行政法律责任和刑事法律责任，在兼顾数据效率与安全保障的理念下，应坚持以数据民事法律责任为治理基础，以数据行政法律责任为监管核心，以数据刑事法律责任为最终保障。

一、数据民事法律责任

我国《数据安全法》和《个人信息保护法》等数据立法均设专章对违背或违反数据（信息）安全保护义务的责任追究方式予以明确和细化。数据法律责任必然涉及民事法律责任、行政法律责任与刑事法律责任。考虑到数据运行全流程的管理特征、数字经济创新的现实需求以及民法典时代的到来，数据民事法律责任无疑应具有基础地位。涉及数据治理的事项多属于合同关系或类合同关系，其意思自治的特征较为明显，涉及的基础法律关系多为民事法律关系。在不同的部门法之间，民法应当呈现相对扩张的态势，其属于法律责任体系中的第一道规范防线。[①] 以民事法律责任作为数据法律责任体系的基石，符合法律体系的社会治理逻辑，有利于促进和保障数字经济领域的社会创新，并可以在相对自由的氛围中对数据全生命周期中各方的权益予以最温和、最周延的规范保护。

数据民事法律责任具体包括违约责任和侵权责任，而不同的数据责任主体（数据使用者、数据处理者、数据控制者等）既可能单独承担民事法律责任，也可能共同承担民事法律责任，进而形成多数人侵权行为或者多数人债务，还可能在不作为的情形下承担连带责任。此外，在数据全生命周期中，数据处理的全过程（收集、存储、使用、加工、传输、提供、公开等）若不能依法进行，均可能涉及相关民事法律责任、行政法律责任，甚至触发刑事法律责任。（详见表6–2）。

表6–2 《数据安全法》中有关数据处理的法律责任规定

数据处理流程	规定内容	法律责任
数据收集	1. 采取合法、正当的方式，不得窃取或者以其他非法方式获取数据； 2. 法律、行政法规对收集、使用数据的目的、范围有规定的，应当在法律、行政法规规定的目的和范围内收集、使用数据	• 民事责任 • 行政责任（治安管理处罚） • 刑事责任
数据处理及研发数据新技术	1. 应当有利于促进经济社会发展、增进人民福祉，符合社会公德和伦理； 2. 应当取得行政许可的，依法取得许可	
数据安全管理	1. 全流程数据安全管理制度； 2. 数据安全教育培训； 3. 相应技术措施和其他必要措施，保障数据安全； 4. 利用互联网等信息网络开展数据处理活动，应当在网络安全等级保护制度的基础上，履行上述数据安全保护义务	• 行政责任（责令改正；警告；责令暂停相关业务；停业整顿；吊销相关业务许可证；吊销营业执照；最高200万元罚款；责任人最高20万元罚款）

① 刘浩：《整体法秩序中的网络平台法律责任体系界定》，载《大连理工大学学报（社会科学版）》2022年第5期。

续表

数据处理流程	规定内容	法律责任
重要数据	1. 明确数据安全负责人和管理机构，落实数据安全保护责任； 2. 对其数据处理活动定期开展风险评估，并向有关主管部门报送风险评估报告	
核心数据	1. 遵守国家核心数据管理制度； 2. 不得危害国家主权、安全和发展利益	• 行政责任（责令暂停相关业务；停业整顿；吊销相关业务许可证；吊销营业执照；200 万元以上 1 000 万元以下罚款） • 刑事责任
数据风险监测	1. 发现数据安全缺陷、漏洞等风险时，应当立即采取补救措施； 2. 发生数据安全事件时，应当立即采取处置措施，按照规定及时告知用户并向有关主管部门报告	• 行政责任（责令改正；警告；责令暂停相关业务；停业整顿；吊销相关业务许可证；吊销营业执照；最高 200 万元罚款；责任人最高 20 万元罚款）
数据出境	1. 关键信息基础设施运营者重要数据的出境安全管理，适用《网络安全法》的规定； 2. 其他数据处理者在重要数据的出境安全管理办法，由国家网信部门会同国务院有关部门制定	• 行政责任（责令改正；警告；责令暂停相关业务；停业整顿；吊销相关业务许可证；吊销营业执照；最高 1 000 万元罚款；责任人最高 100 万元罚款）
数据交易中介	1. 数据提供方说明数据来源； 2. 审核交易双方的身份； 3. 留存审核、交易记录	• 行政责任（责令改正；没收违法所得；处违法所得 1 倍以上 10 倍以下罚款或最高 100 万元罚款；责令暂停相关业务；停业整顿；吊销相关业务许可证；吊销营业执照；责任人最高 10 万元罚款）
公安、国安调取数据	1. 按照规定，经严格批准手续，依法调取； 2. 有关组织和个人应配合调取	• 行政责任（责令改正；警告；最高 50 万元罚款；责任人最高 10 万元罚款）
向境外司法、执法机构提供数据	非经批准不得提供	• 行政责任（警告；暂停相关业务；停业整顿；吊销相关业务许可证；吊销营业执照；最高 500 万元罚款；责任人最高 50 万元罚款）

目前，在民事法律责任领域涉及数据处理不法行为的典型表现包括数据不当收集与使用、数据泄露、不正当竞争等。这些行为侵害了数据所有人的权益，应当受到法律的规范和约束。

（一）数据不当收集与使用行为引发的民事法律责任

根据《民法典》第1035条和相关规范性文件的规定，处理个人信息应符合“合法、正当、必要”原则，同时符合最小、必要原则。实践中，有许多互联网公司存在涉嫌过度收集用户个人信息的情况。例如，在郭某诉杭州野生动物世界有限公司服务合同纠纷案中，法院认为，野生动物世界欲利用其收集的照片扩大信息处理范围，超出事前收集目的，存在侵害郭某面部特征信息之人格利益的可能与风险。同样，未经个人信息主体的同意，而使用个人信息的，属于不当使用个人信息。[①]上述行为都是个人信息处理者将收集到的个人信息用于他用，或不当使用、不当分享，均系典型的数据侵权行为。

（二）数据泄露行为引发的民事法律责任

1. 人格权领域

泄露数据属于较为严重的侵害民事权益的行为，实践中具体表现形式不一。在一起消费者诉某航空公司和某网络订票公司隐私权纠纷案中，消费者在某网站订票后收到第三方短信，并列明其姓名、航班号等内容，法院认为两家公司存在泄露消费者隐私信息的高度可能，并且存在过错，应承担侵犯隐私权的相应侵权责任。而在其他案件中，法院确认公民的举报信息具有私密性，购物平台擅自将订单编号告知被举报人，属于泄露个人私密信息的行为。泄露个人信息的行为往往涉及对私密信息和隐私权的保护，较之其他不当收集、不当利用与分享等行为造成的影响更为严重。[②]这些不法行为涉及侵犯人格权，即数据责任主体未经用户同意而擅自将获得的用户个人隐私或肖像公开，或者为了营利转让给其他平台，侵害用户的人格权。《民法典》第111条规定，自然人的个人信息受法律保护；任何组织或者个人需要获取他人个人信息的，应当依法取得并确保信息安全，不得非法收集、使用、加工、传输他人个人信息，不得非法买卖、提供或者公开他人个人信息。[③]

公民个人信息显然属于公民个人所有，属于公民的隐私范畴，未经公民授权，任何人、任何单位不能非法使用、加工、传输他人个人信息，不得非法买卖、提供或者公开他人个人信息，否则可能构成侵犯他人隐私权，被侵权人可据此追究侵权人的法律责任。具体而言，包括：依法要求侵权人承担侵权责任；侵权行为危及他人人身、财产安全的，被侵权人可以请求侵权人承担停止侵害、排除妨碍、消除危险等侵权责任；侵害他人人身权益，造成他人严重精神损害的，被侵权人可以请求精神损害赔偿。

2. 著作权领域

除公民个人信息保护外，在各类数据责任主体利用数据抓取功能获得并展示的内容（如文字、图片、视频等）中，如未经权利人许可使用和修改这些文字作品，或者虽经内容生产者许可，但未经原平台许可而使用文字作品，均会产生侵权责任。例如，某信息公司开发的软件中含有另一家投资公司的分析报告数据。法院审理后，认为信息公司开发的软件数据模块系投资公司对上市公司年度报告等各种公开信息进行筛选、整理、分析研究后

---

① 姚佳：《论个人信息处理者的民事责任》，载《清华法学》2021年第3期。

② 姚佳：《论个人信息处理者的民事责任》，载《清华法学》2021年第3期。

③ 亦可参见《民法典》第1032条至第1039条相关内容。

完成的，这种筛选、整理、分析凝聚了创作人员的智力成果，具有一定的独创性，应当受著作权法的保护。信息公司未经投资公司许可，在其制作并销售的软件产品中，通过信息网络传播该投资公司享有著作权的分析报告，侵犯了其著作权，依法应承担停止侵权、赔偿损失等民事责任。

（三）不正当竞争行为引发的民事法律责任

实践中另一类常见的数据侵权行为是数据运营者不正当地利用其他平台的数据信息（通过不劳而获和“搭便车”的方式），或者随意转发推送他方重要信息，对其他企业造成了实质性影响或者声誉影响，并损害其商业利益，构成不正当竞争的行为。以某购物平台诉M公司案为例，[①]该购物平台以海量数据为基础，开发出“生意参谋”大数据产品，购物平台通过“生意参谋”，为商家的店铺经营、行业发展、品牌竞争等提供相关数据分析与服务，并收取费用。M公司通过旗下软件等渠道，引导已订购购物平台“生意参谋”产品的用户下载客户端，通过客户端相互分享、共用子账户，并通过远程登录“出租者”电脑等方式使用“出租者”子账户查看“生意参谋”产品数据内容为使用者提供技术帮助，从中牟利。法院审理认为，M公司的上述行为对购物平台的数据产品已构成实质性替代，直接导致了后者数据产品订购量和销售额的减少，严重扰乱了大数据行业的竞争秩序，构成不正当竞争行为，应当承担相应的民事责任。

此外，实践中具有争议的情形还包括用户画像或其他自动化决策带来的不利影响是否会构成对人格权益或财产权益的侵害，比如评价分选、价格歧视、大数据杀熟等。目前相关案例中，法院并未支持当事人的相关请求。对滥用算法等行为，目前主要通过监管或数据治理等方式予以规制，在民事责任方面尚未见相关适用与突破。在风险泛在的智能时代和万物互联时代，人们没有脱离风险场域的可能性，对于概括风险导致的权益受损目前较难实现个体救济；但在受到确定的侵害之时，个体有权请求获得法律救济，这也正是侵权法的基本意旨。

二、数据行政法律责任

民事法律责任是数据治理领域的基础法律责任，而行政法律责任则属于政府的监管责任，目的是促进数字社会的健康发展，保护个人和企业的合法权益。为了有效发挥数据行政法律责任的功能，承担数据行政法律责任应当具有明确的规范依据，同时加强与其他类型数据法律责任间的体系衔接与功能协同。目前，我国数据治理在行政法律责任方面的法律规范体系已经初步建立，但尚不完备，数据领域的行政法律责任存在不确定性，义务履行的边界也有待厘定。

（一）数据行政法律责任在规范层面的表现

有关数据行政法律责任的规定集中在《个人信息保护法》《数据安全法》《国家安全法》《电子商务法》《网络安全法》《互联网信息服务管理办法》《信息网络传播权保护条例》等

① 参见（2018）浙01民终7312号民事判决书。

法律法规中。例如，《数据安全法》规定，开展数据处理活动应当依照法律、法规的规定，建立健全全流程数据安全管理制度，组织开展数据安全教育培训，采取相应的技术措施和其他必要措施，保障数据安全。利用互联网等信息网络开展数据处理活动，应当在网络安全等级保护制度的基础上，履行上述数据安全保护义务。对于违反规定的组织和个人，将由主管部门给予责令改正、警告或罚款等行政处罚。《个人信息保护法》规定，个人信息处理者应当根据个人信息的处理目的、处理方式、个人信息的种类、对个人权益的影响、可能存在的安全风险等，采取合理措施确保个人信息处理活动符合法律、行政法规的规定，并防止未经授权的访问以及个人信息泄露、篡改、丢失。对于违反规定处理个人信息，或者处理个人信息未履行个人信息保护义务的，需承担责令改正、警告、没收违法所得、罚款、吊销相关业务许可或者吊销营业执照等行政责任。全国人大常委会《关于加强网络信息保护的决定》规定，保护能够识别公民个人身份和涉及公民个人隐私的电子信息，对出售或者非法向他人提供公民个人电子信息的行为，依法给予警告、罚款、没收违法所得、吊销许可证或者取消备案、关闭网站、禁止有关责任人员从事网络服务业务等处罚。上述规定是现有数据责任主体承担行政责任的主要规范依据，并且附带性地规定了行政法律责任与刑事法律责任衔接的相关问题。

（二）数据行政法律责任面临的问题

目前，我国数据行政法律责任主要面临以下问题：（1）行政法律责任容易流于形式或会产生责任追究不一致的情形。这主要是因为有关数据行政法律责任的规定散见于各法律规范中，难以为行政执法提供较为统一的行动指南，这与合法行政基本原则不相适应。（2）行政法律责任有不断加重的趋势，其责任承担方式多以行政处罚为主，缺少合理的免责机制。（3）具体的义务要求较为模糊，缺乏明确的执行标准。例如，《互联网信息服务管理办法》第16条对网络信息服务提供者的报告义务作出规定，明确当发现一些违法内容时，应当立即停止传输，保存有关记录，并向国家有关机关报告。但该办法对网络信息服务提供者应承担的合法义务没有明确规定，这实际上就给网络信息服务提供者提供的信息内容服务带来法律风险和监管成本。[①]上述问题使得行政法律责任难以发挥对数字经济建设的积极作用。[②]

此外，从法律责任体系角度看，数据行政法律责任功能的发挥还需考虑同民事法律责任和刑事法律责任之间的衔接配合，即有效平衡保护平台创新与保障用户权利二者间的关系。数据行政法律责任在与民事、刑事法律责任协调统一的过程中，应当注重灵活性与合理性：民事法律责任可以适当向行政法律责任扩张，而行政法律责任也可适当向刑事法律责任扩张，以体现刑法谦抑性原则，充分发挥刑法作为最后保障法的功能。

三、数据刑事法律责任

数据与国家安全、经济安全、社会稳定、公共健康的联系越紧密，其重要性程度就越

---

① 时飞:《电子商务法》，对外经济贸易大学出版社2012年版，第43页。

② 刘浩:《整体法秩序中的网络平台法律责任体系界定》，载《大连理工大学学报（社会科学版）》2022年第5期。

高，面临的数据安全风险和威胁也越大，一旦遭到泄露、窃取、篡改、毁损、非法使用等不法侵害，引起的危害后果往往也较为严重。因此，数据刑事法律责任是数据法律责任体系的最后保障。

（一）数据刑事法律责任的具体罪名表现

数据法律责任是随着信息网络技术的发展而快速出现的，其法律关系存在政府、数据处理者和数据权益人多维向度，我国现行《刑法》规定的数据刑事法律责任罪名主要包括以下五种。

1. 侵害计算机管理秩序和网络秩序的罪名

这类罪名涉及破坏计算机信息系统安全和网络安全两方面。前者包括非法侵入计算机信息系统罪，非法获取计算机信息系统数据、非法控制计算机信息系统罪，提供侵入、非法控制计算机信息系统程序、工具罪，破坏计算机信息系统罪；后者包括帮助信息网络犯罪活动罪。我国刑法规定的这些犯罪，可以用来惩治破坏数据安全的行为，因为数据的存储、处理等都依赖于计算机信息系统，非法取得、篡改、销毁数据等行为直接表现为非法侵入、非法控制计算机信息系统，或者侵入后获取数据的行为。同样，数据的传输、远程进入等，都可以通过网络来实现，因而为他人实施信息网络犯罪活动提供数据处理服务的，就可依据帮助信息网络犯罪活动罪定罪处罚。然而，在实践中，这类犯罪被归为扰乱公共秩序的犯罪，因而其保护的客体并不包括数据权益人的财产权利或者其他商业利益。以此类犯罪追究行为人的刑事责任，无法确认被害人的利益，被害人也无法通过附带民事诉讼主张其权益并获得赔偿。不仅如此，其法定刑总体较低，若行为人以非法获取计算机信息系统数据等方式取得数据或利用、销毁数据，造成了严重后果，据此定罪处罚，会存在一定的不均衡现象。①

2. 网络服务提供者违反监管秩序的罪名

这类犯罪涉及的罪名是拒不履行信息网络安全管理义务罪。该罪的定罪结构，比较典型地体现了行政性法律法规为网络服务提供者规定了以积极义务形式出现的规制性义务；当网络服务提供者违反这类义务时，政府职能部门（即监管部门）责令整改；网络服务提供者拒不整改，造成严重法定后果的，其行为即构成犯罪。在这样的定罪结构中，网络服务提供者违反了两层义务，即法律为其设定的一般性的、当为的义务和监管部门依法为其设定的整改义务。由于该罪的定罪情节主要是信息的大量传播、泄露、灭失等，而数据就是对信息的记录（《数据安全法》第3条），网络服务提供者同时也是数据处理者，因而该罪可以直接用来规制这类主体实施的破坏数据安全的行为。该罪的立法，体现了犯罪治理思路的某种转变，为关键主体即网络平台创设了积极的风险防控义务，通过“规制—违反规制—制裁”这一路径来实现安全治理目标。②不过，网络服务提供者通常是数据处理者，但数据处理者也包括非网络服务提供者，当非网络服务提供者违反有关数据保护的积极义

① 时延安：《数据安全的刑法保护路径及方案》，载《江海学刊》2022年第2期。

② 时延安：《数据安全的刑法保护路径及方案》，载《江海学刊》2022年第2期。

务时，无法适用该罪。并且，政府职能部门中的自然人，也无法适用该罪。

3. 侵害个人信息的罪名

该类犯罪涉及的罪名是侵犯公民个人信息罪。此处的个人信息是指与已识别或者可识别的自然人有关的各种信息（《个人信息保护法》第4条）。由于《个人信息保护法》已经明确将“个人对个人信息处理活动的权利”规定为一种独立的权利，所以将该罪理解为侵犯个人权利的犯罪并无不妥，而这种权利兼有公法和私法性质。如此理解，也可以和《数据安全法》第7条相联系。例如，2019年9月至2021年4月，被告人江某某与他人合伙或单独出资，先后设立丽水某诚信息技术有限公司等4家信息技术公司，召集并指使多名公司员工潜入学生家长微信群，冒充教育培训机构老师，发送虚假信息。通过让学生家长点击带有设定内容的链接，收集家长的手机号、学生姓名、年级、薄弱科目等信息，并将信息数据存储在“金数据”网站内，由江某某通过丽水某泰信息技术有限公司以每条信息12元左右的价格售卖给深圳、北京等地的教育培训机构，从中牟利。法院经审理后判决，江某某因侵犯公民个人信息罪被判处有期徒刑3年，并处相应罚金。当然，这里的个人信息并不包括匿名化处理后的信息，如果行为人非法出售、提供匿名化处理的信息，则不会构成此罪。

4. 侵害国家秘密、国有档案的罪名

侵害国家秘密涉及的罪名包括为境外窃取、刺探、收买、非法提供国家秘密、情报罪，非法获取国家秘密罪，非法持有国家绝密、机密文件、资料、物品罪，故意泄露国家秘密罪，过失泄露国家秘密罪。侵害国有档案涉及的罪名包括抢夺、窃取国有档案罪和擅自出卖、转让国有档案罪。国家秘密、国有档案，都可能以数据形式存在，当行为人非法处理这两类数据时，就可以根据上述规范追究刑事责任。这两类数据对应不同的安全类型：国家秘密对应国家安全，国有档案对应国家信息安全。这也说明，数据安全与其他类型安全在保护范围上存在明显的交叉和重叠。值得注意的是，对非法擅自收集、买卖公共领域大数据的行为，如未经许可收集城市地理数据、公共交通数据、医疗数据的行为，无法适用上述规定。

5. 侵害商业秘密和著作权的罪名

侵害商业秘密涉及的罪名包括侵犯商业秘密罪和为境外窃取、刺探、收买、非法提供商业秘密罪。商业秘密涉及经济安全和企业经营安全。与个人信息相比，商业秘密是组织体的信息，属于不为公众所知悉、具有商业价值并经权利人采取相应保密措施的技术信息、经营信息等商业信息。从现实情况看，商业秘密数据已经成为市场主体的重要资源，对于从事信息网络服务的企业而言，数据安全是其生命线。侵害著作权涉及的罪名是侵犯著作权罪。数据处理者未获得数据的所有权或者未获得数据权益人授权而擅自贩卖数据权益人所有的数据信息营利的，或篡改数据信息后予以出售谋取利益的，应按照《刑法》第217条规定的侵犯著作权罪定罪处罚。例如，在谢某、赵某侵犯著作权案中，被告人谢某、赵某以营利为目的，未经被害人许可，在互联网上开设“永恒之塔大师服”私服网站，向用户提供从被害人处下载的《永恒之塔》客户端，并通过改变IP地址，使用户在登录游戏后指向非法运营的“永恒之塔大师服”网络游戏服务器端，严重侵害了被害人的权利，构成侵犯计算机软件作品著作权的行为，应按侵犯著作权罪定罪处罚。可以说，维护经济领域的数据权益与安全，主要是维护市场主体的经营秩序。从这个角度看，这类刑法规范是惩治侵犯企业数据权益以及经营安全的一个较为有力的法律武器。①

（二）作为最后保障的数据刑事法律责任设计

以上对现行《刑法》中有关数据权益保护与安全的罪名的梳理与分类，反映了现有规范可能提供的刑事法律责任救济路径。现有刑法规范受其规范目的限制，对危害数据权益和破坏数据安全的行为，存在一定的错位和不协调的问题。比如，现有规范体系无法完美适配新生的数据犯罪；现有刑法规范多侧重保护国家法益和社会法益，而对个体法益的保护相对较弱，提供的规范供给较为单一。对此，需要探索数据犯罪的刑事治理新思路。

一方面，加强数据法益的刑法保护是大势所趋。②数据法益作为一种重要且相对独立的法益，需要刑法提供较为充分的规范供给，以适应数据安全与合法权益保护的需要。在大数据时代，数据不再静默于计算机信息系统内，其已跳脱出固定的载体而具有广泛流动性。孤立的系统安全和数据安全的预设不再成立，具有广泛流动性的网络数据安全重要性开始占据主导地位。当前，我国刑法能有效打击以信息为犯罪对象基本单元的犯罪行为，如侵犯公民个人信息罪、传播虚假信息罪等，但对于隐蔽性更强、无需转换为信息而仅以数据形态存在，可直接引发社会危害性的行为则难以规制。在我国数据刑事犯罪治理思路上，需围绕“数据”对生成、收集、存储、加工、使用、交易、公开、销毁等行为作出归罪评价。具体而言，在收集数据时，未经数据权利人许可探知、获取、爬取数据的行为可能构成非法获取数据罪；存储数据中、公开数据中造成数据损坏的可能构成数据丢失、窝藏、泄露罪；在数据加工、使用、提供、交易、公开的过程中，采取篡改数据、伪造数据等手段故意欺瞒相对人的，可能构成数据造假罪；在数据加工、使用、提供、交易过程中实施犯罪行为的，可能构成滥用数据罪、非法出售提供数据罪、拦截数据罪等。

另一方面，从前述有关数据领域的具体罪名分析可知，现行刑法保护数据权益和数据安全的路径可以概括为三种：将严重违反国家数据安全规制的行为规定为犯罪；将非政府组织体不遵守政府监管、造成一定危害后果的行为规定为犯罪；将严重侵害数据权益人数据权益的行为规定为犯罪。③现有刑法规范已对前两条路径作出了一定程度的规制，对第三条路径（即确认和维护个人法益保护）的规制，是目前迫切需要解决的问题。

此外，在现代社会，一个完整的数据权益与数据安全保障体系，不能仅依靠政府监管，还应充分发挥社会公益组织、企业、个人的作用。因此，如何提高数据权益人自我保护的积极性，并赋予其维护自身权益的抓手，也是促使整个数据权益与数据安全保护体系不断完善的有效方式。

---

① 时延安：《数据安全的刑法保护路径及方案》，载《江海学刊》2022年第2期。

② 贾斯瑶、郭旨龙：《数据犯罪刑事治理的新思路——以流量造假行为为切入点》，载《中国检察官》2022年第7期。

③ 时延安：《数据安全的刑法保护路径及方案》，载《江海学刊》2022年第2期。

思考题

1. 论述我国数据监管法律制度的体系构成。
2. 简述数据监管法律责任的类型与核心内容。
3. 谈谈国内外数据监管的模式异同和特点。

▶ 拓展阅读

读者意见反馈

为收集对教材的意见建议，进一步完善教材编写并做好服务工作，读者可将对本教材的意见建议通过如下渠道反馈至我社。

咨询电话　400-810-0598

反馈邮箱　gjdzfwb@pub.hep.cn

通信地址　北京市朝阳区惠新东街 4 号富盛大厦 1 座　高等教育出版社总编辑办公室

邮政编码　100029